Nosso Lar, Brasília
Spiritism–Modernism–Architecture
Jonas Staal

Nosso Lar, Brasília
Espiritismo–Modernismo–Arquitetura
Jonas Staal

Capacete   Jap Sam Books 2014

NOSSO LAR

TABLE OF CONTENTS

1. Introduction — 4
2. The Spiritist City: Nosso Lar — 10
3. The Modernist City: Brasília — 52
4. Structural Similarities — 88
5. Epilogue — 150

BRASÍLIA

TABELA DE CONTEÚDOS

1. Introdução — 4
2. A Cidade Espírita: Nosso Lar — 10
3. A Cidade Modernista: Brasília — 52
4. Semelhanças Estruturais — 88
5. Epílogo — 150

INTRODUCTION

INTRODUÇÃO

Introduction

In the years 1944 and 1956, Brazil saw the creation of two city plans featuring characteristics of contemporary Brazilian society, which introduced the role of Spiritist culture on the one hand and Modernist architecture on the other. The first of these city plans is Nosso Lar (Our Home), a city situated within the spirit world, which plays a central role in Brazil's large Spiritist movement. The second city plan is Brasília, the capital of Brazil, which was built in a deserted area in the center of the country, and which has played a key role in Brazil's development into a modern, industrialist country. The creators of both cities – representing respectively the Spiritist and Modernist movements that I will introduce in this text – were most probably unaware of each other's existence when they publicly presented their urban models. Although the metaphysical project of Spiritism and the administrative, planned enterprise of Modernist architecture seem to be naturally in opposition to one another, I will argue that they show remarkable similarities, one that allows for an articulation of what could be considered a shared project of engineering society. This does not mean that Brazilian Spiritism and Modernism may be conflated, but rather that

Nos anos de 1944 e 1956, foram criadas no Brasil duas cidades com as características da contemporânea sociedade brasileira que apresentataram ao país de um lado a cultura espírita e de outro a arquitetura modernista. A primeira, Nosso Lar, uma cidade situada no plano espiritual, desempenha papel central no grande movimento espírita do Brasil. A segunda, Brasília, a capital do Brasil, construída em uma grande área deserta no centro do país, desempenhou papel fundamental na transformação do Brasil em um país industrial moderno. Embora o projeto metafísico do espiritismo e a construção planejada da arquitetura modernista pareçam estar naturalmente em oposição um ao outro, vou argumentar que eles apresentam muitas semelhanças, o que permite uma articulação do que poderia ser considerado um projeto comum de engenharia social. Isso não quer dizer que espiritismo e modernismo possam ser confundidos, mas, sim, que ambos os movimentos que moldaram a sociedade brasileira contemporânea, apelaram para valores e princípios semelhantes.

they have shaped contemporary Brazilian society, appealing to similar, recurrent core values and principles.

In the first two sections I will introduce both city plans, in each case emphasizing the common themes of (1) mediation; (2) social engineering; (3) the structure of the colony; (4) the structure of the gated community; (5) the principles of hierarchy; and (6) the principles of statist society that I believe represent the point at which Spiritism and Modernism meet on an architectural level in Brazil. In the third section I will demonstrate how these structural similarities translate into the concrete design of the city plans of Nosso Lar and Brasília. Based on the exploration of the *ideological* and *infrastructural* similarities of both plans, I will finally argue that the resulting ideological and urban development of the Brazilian Spiritist and Modernist movements – namely, aiming for an ideal image of spiritual man and modern man, respectively – should be considered as having equivalent roles in the establishment of Brazilian society.

It is important to emphasize that a *city* is not the same as a

Nas duas primeiras seções apresentarei os planos das cidades, enfatizando temas comuns, (1) a mediação; (2) a engenharia social; (3) a estrutura da colônia; (4) a estrutura do condomínio cercado; (5) os princípios da hierarquia, e (6) os princípios da sociedade estadista, que a meu ver representam o ponto em que espiritismo e modernismo se encontram em nível arquitetônico no Brasil. Na terceira seção demonstrarei como as semelhanças estruturais se traduzem em desenhos concretos nas plantas de Nosso Lar e Brasília. Baseado na exploração das semelhanças tanto ideológicas quanto infraestruturais de ambos os projetos, vou enfim argumentar que o resultado do desenvolvimento ideológico e urbano do espiritismo brasileiro e do movimento modernista – isto é, a busca por uma imagem ideal do homem espiritual e do homem moderno, respectivamente – devem ser considerados igualmente importantes no desenvolvimento da sociedade brasileira.

É importante enfatizar que uma cidade não é a mesma coisa do que um país e que um não é necessariamente o modelo ideal para o outro. Ainda assim, irei comparar o espiritismo e a

country and that one is not necessarily an ideal model for the other. I will nonetheless compare the Spiritist and Modernist city in relation to Brazil as a country. First, because both cities have gained notoriety throughout Brazil, and thus even affect the rural understanding of the two movements just as well as the urban one. Second of all, because I consider these two cities to be ideological experiments and culminations of dominant ideas that have circulated throughout Brazilian history. Their concretization allows for a unique opportunity of systematic comparison. Here we see the city for what it is, as *ideology in action*; ideas and manifestos translated into concrete infrastructure, shaping its inhabitants' everyday movements, inscribing its convictions in the day-to-day *performance* of ideology.

In the first two sections I will briefly introduce the historical, social, and political context within which the ideas of Nosso Lar and Brasília emerged, before engaging in a more detailed account of each of these models. The third section will summarize the structural comparisons that are explored in the first two sections.

cidade moderna em relação ao Brasil como país. Em primeiro lugar, porque as duas cidades ganharam notoriedade em todo o país e, portanto, afetaram a compreensão rural e urbana de ambos movimentos. Segundo, pois considero essas duas cidades como experimentos ideológicos e a culminação de ideias dominantes que circularam por toda história do Brasil, suas concretizações nesses dois excepcionais modelos urbanos são uma oportunidade única de comparação sistemática. Aqui, veremos a cidade pelo que ela é, como ideologia em ação, ideias e manifestos traduzidos em infraestruturas concretas, moldando os movimentos diários de seus habitantes, inscrevendo suas convicções no desempenho cotidiano da ideologia.

Nestas duas primeiras seções, farei uma breve introdução do contexto histórico, social e político, que forjaram as ideias sobre as quais as cidades Nosso Lar e Brasília emergiram, antes de me dedicar a uma análise mais detalhada de cada um desses modelos. A terceira seção vai resumir as comparações estruturais que são exploradas nas primeiras duas seções.

The first city plan, drawn up in 1944, consists of a "psychographically" transcribed book, written by the medium Francisco de Paula Cândido "Chico" Xavier (1910–2002), entitled *Nosso Lar* (Our Home). This is the *Spiritist city plan*.

Xavier claimed to have been contacted by spirits since he was a boy growing up in a poor family of nine children in the peasant region of Minas Gerais, a state in Southeast Brazil. He suffered the loss of his mother at young age and had to endure the subsequent physical abuse of his godmother, before he was chosen by the spirit world to pursue a career as a professional medium. His task as a practicing medium began in 1927 at age seventeen, when he healed his sister who had been mentally ill. Chico Xavier was to become the most famous medium in Brazilian history, psychographing 458 books on behalf of the spirit world, of which more than fifty million copies have been sold.[1] He was responsible for funding approximately two thousand Spiritist centers all over Brazil, which were in charge of disseminating the knowledge that the spirit world

A primeira planta da cidade, desenhada em 1944, consiste da transcrição de um livro "psicografado" pelo médium Francisco de Paula Cândido "Chico" Xavier (1910–2002), intitulado *Nosso Lar*. É o *projeto da cidade espírita*.

Xavier alegava ser contatado por espíritos desde que era um menino. Ele cresceu em uma família pobre de nove filhos na região rural de Minas Gerais, um estado no sudeste do Brasil. Perdeu a mãe em tenra idade e teve de suportar o abuso físico a que foi submetido pela madrinha, antes de ter sido escolhido pelo plano espiritual para se dedicar integralmente à carreira de médium profissional. Sua trajetória começou em 1927, aos dezessete anos, quando curou sua irmã, mentalmente doente. Chico Xavier se tornaria o médium mais famoso da história do Brasil, com 458 livros psicografados em nome do mundo espiritual, e mais de cinquenta milhões de cópias vendidas.[1] Ele foi responsável pelo financiamento de cerca de dois mil centros espíritas em todo o país, para difundir o conhecimento transmitido a ele pelo mundo espiritual e servir como centros de assistência

transferred through Xavier, as well as functioning as social centers for the poor. Two million people watched his first television performance in 1971, a viewing record only surpassed by the World Cup a year earlier.[2] In the year 2000, he was nominated for the Nobel Peace Prize, and his celebrity status was honored in the 2010 film entitled *Chico Xavier* by Daniel Filho. Xavier's most famous book, *Nosso Lar*, which describes a city in the spirit world, was realized as a blockbuster film directed by Wagner de Assis in that same year. This was 66 years after the book was first conceived, and since then Xavier had built the infrastructure and ideological framework for the contemporary Spiritist movement,[3] which in many ways overruled the Roman Catholic doctrine that had dominated the religious understanding of Brazilians since their colonization by the Portuguese.

Xavier wrote *Nosso Lar* during a single session of seven hundred days, while being dictated by the spirit of a deceased Brazilian physicist using the pseudonym André Luiz (Luiz's date of birth is unknown; he most likely passed

social para os pobres. Dois milhões de pessoas assistiram à sua primeira sessão de psicografia televisionada em 1971, uma audiência recorde suplantada apenas pela Copa do Mundo no ano anterior.[2] No ano 2000, Chico Xavier foi nomeado para o Prêmio Nobel da Paz. Dez anos mais tarde, foi homenageado no filme de Daniel Filho, intitulado *Chico Xavier*, baseado em seu livro mais famoso, *Nosso Lar*, que descreve uma cidade no mundo espiritual. O longa se tornou um blockbuster, com a direção de Wagner de Assis, naquele mesmo ano. Isso aconteceu 66 anos após o livro ser concebido. Desde então, Xavier seguiu construindo a infraestrutura e a moldura ideológica para o movimento espírita contemporâneo,[3] que acabou de várias maneiras sobrepujando a doutrina católica-romana que dominou o panorama religioso dos brasileiros desde sua colonização pelos portugueses.

Xavier escreveu *Nosso Lar* durante 700 dias, psicografando o que era ditado pelo espírito do falecido médico brasileiro André Luiz (sua data de nascimento é desconhecida; o mais provável é que ele tenha morrido por volta de 1930,

away around 1930, approximately fifty years old). During these sessions of psychography, which any surrealist would have recognized as the experiment of *écriture automatique* (automatic writing), Xavier kept his eyes closed or covered, while an assistant constantly placed new sheets of paper under his uncontrollably moving pencil. A consequence of the technique of psychography is a shifting understanding of the notion of authorship. Non-Spiritists refer to Xavier as a writer, whereas Spiritists refer to the spirit in charge of the medium as being the real author. Xavier, for one, never signed his work: he considered himself a mediator, a tool for the spirit world. The words were not his own. Despite the fact that he agreed to sign copies of his books in the hands of his many fans, he upheld the idea that throughout his life, he had written *no books whatsoever*.

In the case of *Nosso Lar*, which we will focus on in this text as it provides the most detailed account of the spirit afterlife and its dominant ideology, the author was André Luiz, who described to Xavier his experiences in the

aos 50 anos). Durante essas sessões de psicografia, que um surrealista reconheceria como a experiência de escrita automática, Xavier manteve seus olhos fechados ou cobertos, enquanto um assistente constantemente colocava mais folhas em branco sob seu lápis que não parava de se mover. A consequência da técnica de psicografia é um deslocamento da noção de autoria. Os não-espíritas referem-se a Xavier, como um escritor, enquanto os espíritas se referem ao espírito no comando do médium como sendo o autor real da obra. Xavier, por exemplo, nunca assinava seus trabalhos: ele se considerava um mero mediador, uma ferramenta do mundo espiritual. As palavras não eram dele. A despeito do fato de que ele concordasse em autografar as cópias de seus livros nas mãos de seus muitos seguidores, ele sustentou a ideia de nunca ter escrito *livro algum em toda sua vida*.

No caso de *Nosso Lar*, no qual vamos focar neste texto, pois é o que proporciona o maior número de detalhes a vida espiritual após a morte e sua ideologia dominante, o autor André Luiz descreveu a Xavier suas experiências na cidade

Chico Xavier during a session of psychography.
Chico Xavier durante sessão de psicografia.

espiritual: o lugar onde estão reunidos os espíritos que viveram vidas honradas na Terra. Sua descrição da jornada desde o momento da morte até a chegada ao mundo espiritual segue o modelo do *Inferno* de Dante: dos mais escuros círculos do inferno, André narra os passos em direção à luz. Entretanto, em contraste com o protagonista o *Inferno*, ele não era apenas um visitante, ele foi submetido a cada um desses estágios de punição e perdão.

André chega, enfim, ao "Umbral", uma espécie de limbo infernal entre a Terra e o mundo espiritual. Depois de anos de sofrimento e tortura, ele recebeu o perdão por sua vida desregrada e foi então levado a Nosso Lar, descrita por ele como uma colônia de regeneração. É o lugar onde os espíritos desencarnados (em oposição aos espíritos encarnados que estão hospedados em corpos mortais na Terra) chegam para trabalhar em seu desenvolvimento espiritual, antes de serem levados para uma máquina de alta tecnologia que os reduz a organismos do tamanho de fetos e projetam sua reencarnação no planeta, no útero destinado a ser um receptáculo

spirit city of Nosso Lar: the place where spirits that have lived honorable lives on earth are gathered. His description of the journey from the moment of his death to his arrival in the spirit city follows the model of Dante's *Inferno*: from the darkest circles of hell, Luiz describes his steps toward the light. However, in contrast to the protagonist of *Inferno*, he is not simply a visitor; he has subjected himself to each of these stages of punishment and forgiveness.

Luiz thus first arrives in the "Umbral," which is a sort of hellish limbo between the earth and the spirit world. It is only after years of suffering and torture that he is granted forgiveness for his faulty life and is then brought into Nosso Lar, which is described to him as a *regeneration colony*. This is the place where *discarnate* spirits (as opposed to the *incarnate* spirits that are housed in mortal bodies on earth) arrive to work at their respective level of spiritual development, before they are brought into a high-tech machine that reduces them to a fetus-like organism and projects their *reincarnation* on earth by placing the fetus do espírito. Assim, Nosso Lar consiste em ser uma estação para o ciclo de desencarnação e reencarnação do espírito, ao ponto de esta colônia de regeneração controlar a fertilização humana para desenhar e administrar o desenvolvimento espiritual de cada sujeito na Terra.

Em *Nosso Lar*, André descreve a Xavier como muitos cidadãos o guiaram, em caminhadas, voos em um ônibus espacial através da colônia de regeneração futurista de Nosso Lar, onde ele aprendeu sobre seu governo e Governador soberano, sua economia, sua arte e cultura, infraestrutura e sobre a tecnologia extremamente avançada, como a que se lê em obras de ficção científica, além da possibilidade de ganhar acesso a níveis ainda mais elevados de desenvolvimento espiritual. Isso pode acontecer depois de o indivíduo já ter aumentado o nível espiritual pela reencarnação na Terra e pela morte, com a chegada novamente a Nosso Lar em número de vezes suficientes. Nosso Lar está longe de ser uma visão romanceada do céu: assim como na Terra, as pessoas ali trabalham e consomem, enquanto uma rígida

into the womb of a chosen carrier of the spirit. Nosso Lar thus constitutes a station in the spirit's cycle of incarnation, discarnation, and reincarnation to the extent that this regeneration colony takes control over the fertilization of humans in order to engineer and monitor the exact spiritual developments of its subjects on earth.

In *Nosso Lar*, Luiz describes to Xavier how several citizens guided him, by means of walks and flights in an "airbus," through the futuristic regeneration colony of Nosso Lar, where he learns of its government and its sole sovereign Governor, its economy, its art and culture, infrastructure, the highly developed science fiction-like technology, and the possibility of gaining access to even "higher" levels of spiritual development, after having increased one's level of spiritual knowledge by having incarnated and discarnated back into Nosso Lar a sufficient number of times. Nosso Lar is far from a romanticized image of heaven: just like on earth, people in Nosso Lar labor and consume, while a rigid discipline is imposed on all of its inhabitants. The only evident dimension of the "higher" spiritual disciplina é imposta a todos os habitantes. A única dimensão evidente de um "maior" desenvolvimento espiritual é manifestado em meios materiais através da máquina de alta tecnologia que opera na cidade e aumenta os "poderes espirituais" de seus habitantes.

Portanto, não chega a ser uma surpresa que em sua chegada, André tenha sido avisado: "O propósito essencial desta colônia é trabalhar e produzir." O trabalho leva à mentalidade espiritual correta de dedicação altruísta, enquanto beneficia a colônia de regeração tecnologica e culturalmente. Quando passou pelas fábricas de Nosso Lar nos grandes quarteirões da cidade, André descreveu seus trabalhadores como "cem mil indivíduos, que foram iluminados e se regeneraram enquanto trabalhavam."[4]

Segundo André Luiz, Nosso Lar flutua sobre a Terra em "uma extensa região do Estado do Rio de Janeiro (entre os municípios do Rio de Janeiro, de Itaperuna e Campos dos Goytacazes)."[5] O livro alega que Nosso Lar remonta ao

development is manifested in the *material means* of the high-tech machinery that operates the city and increases its inhabitants' spiritual powers.

It therefore comes as no surprise that upon his arrival Luiz is told: "the colony's essential purpose is labor and production." *Labor* leads to the correct spiritual mentality of selfless dedication, while benefiting the regeneration colony technologically and culturally. When passing through Nosso Lar's factories in the large city blocks, Luiz's guide describes its workers as "one hundred thousand individuals, who enlighten and regenerate themselves while working."[4]

According to André Luiz, Nosso Lar hovers above the earth "on an extensive region of the State of Rio de Janeiro (between the city of Rio de Janeiro and the cities of Itaperuna and Campos dos Goytacazes)."[5] The book claims that Nosso Lar dates back to the 16th century, when it was founded by "a group of distinguished Portuguese."[6] In other words: the Portuguese that colonized Brazil have managed to expand their colonial enterprise after their death. This is the reason século 16, quando foi fundada por um "grupo de portugueses distintos."[6] Em outras palavras: os portugueses que colonizaram o Brasil conseguiram expandir suas fronteiras para uma colônia espiritual no pós-morte. Por esta razão, se refere a Nosso Lar como uma "colônia de regeneração". A regeneração é um processo de preparação para os indivíduos desencarnados de Nosso Lar rumo à sua nova encarnação na Terra ou a um nível mais elevado. A colônia se refere à uma iniciativa portuguesa de terminar no mundo espiritual o que começou na Terra. Ao falar sobre a história da colônia, um dos cidadãos de Nosso Lar declara: "Onde hoje sentimos vibrações delicadas e vemos grupos de edifícios majestosos, havia vibrações primitivas dos habitantes nativos do Brasil e de suas moradias, pareciam casas de crianças, desenhadas por mentes rudimentares."[7] Esta é uma referência, é claro, aos nativos do Brasil, que continuam a viver tão "primitivamente" depois de sua morte, como quando estavam vivos. A ideia, portanto, é que os portugueses, tanto na Terra quanto no pós-morte são necessários para as comunidades "infantis" do Brasil. Nosso Lar, assim, representa o apogeu

why Nosso Lar is referred to as a "regeneration colony." Regeneration refers to the process of preparation for the discarnate citizens of Nosso Lar to reincarnate on earth, or otherwise into a "higher" level. The colony refers to the enterprise of the Portuguese who in the spirit world attempted to finish what they started on earth. Addressing the topic of the colony's history, one of the citizens of Nosso Lar states: "Where we now sense delicate vibrations and see groups of majestic buildings, these used to be a mixture of primitive vibrations from the native inhabitants of Brazil and the childlike buildings designed by their rudimentary minds."[7] Here, of course, a reference is being made to the native inhabitants of Brazil, who continued to live as "primitively" after their death as they had when they had been alive. The idea is thus that the Portuguese both on earth and in the afterlife are necessary for the cultivation of the "childlike" native Brazilian communities. Nosso Lar therefore represents the "fulfillment" of the Portuguese colonization of Brazil: the childlike buildings created by the uncolonized have all disappeared, and there is no trace of the primitive natives in the ultramodern regeneration colony.

da colonização portuguesa no Brasil: os edifícios pueris criados pelos nativos não colonizados desaparecem por completo e não há traço de nativos primitivos na colônia ultramoderna de regeneração.

Em 1979, 35 anos depois da publicação original de *Nosso Lar*, o espírito André Luiz contatou uma outra médium, a artista Heigorina Cunha (1923). Através dela, ditou a planta para os edifícios de Nosso Lar, com a intenção de proporcionar aos encarnados na Terra mais informações sobre a trajetória que os espera depois da morte. Xavier confirmou que os desenhos estavam corretos e estimulou Cunha a continuar seu trabalho de representar a colônia de regeneração.[8] Nessa época Xavier já era um médium conhecido no Brasil. Em 2002, o ano em que ele morreu, o Brasil contava com 2.34 milhões de espíritas declarados,[9] enquanto mais 30 milhões de brasileiros declaravam simpatia em relação à doutrina.[10] Os números atuais podem ser muito mais altos, já que os brasileiros tendem a se autodenominar primeiro católicos e depois espíritas, praticando uma combinação das duas fés.

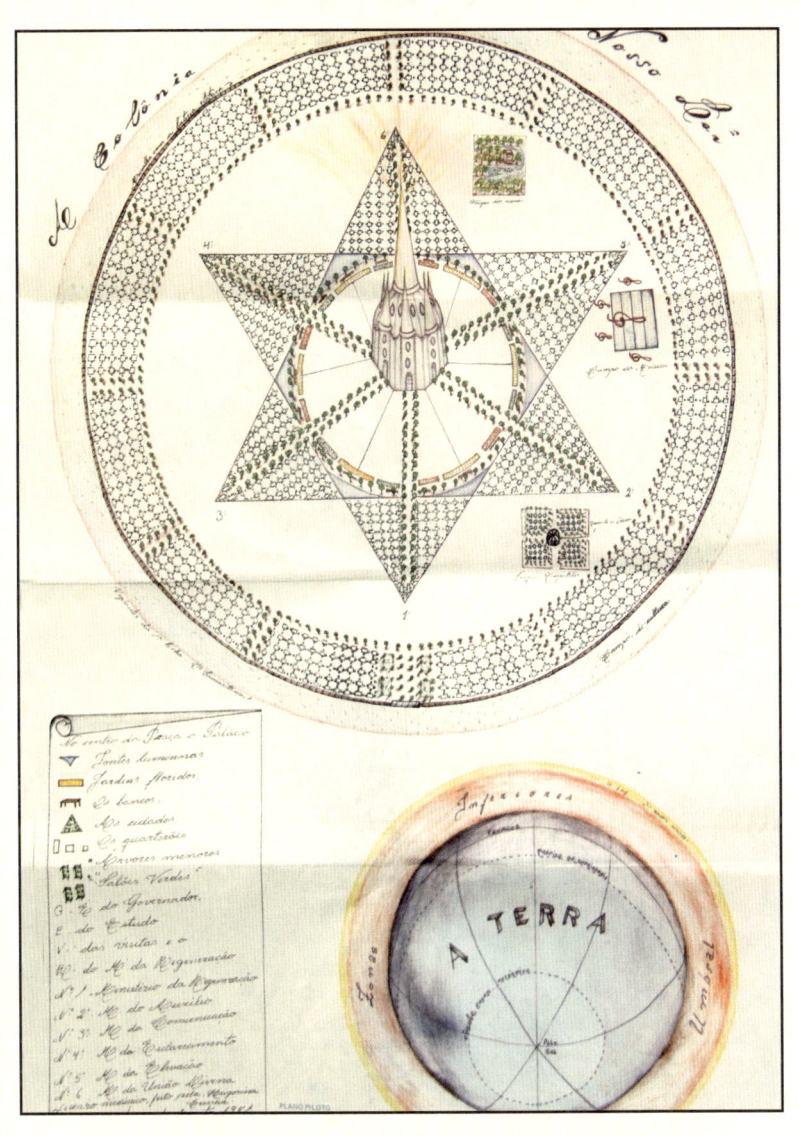

Above and overleaf: The only mediated drawings ever made of Nosso Lar, drawn by Heigorina Cunha in collaboration with Chico Xavier. Sources: Heigorina Cunha, *Cidade no Além* (Araras: Instituto de Difusão Espírita, 1994); Heigorina Cunha, *Imagens do Além* (Araras: Instituto de Difusão Espírita, 2009).

Acima e na próxima página: Os únicos desenhos de Nosso Lar mediados por Heigorina Cunha em colaboração com Chico Xavier. Fontes: Heigorina Cunha, *Cidade do Além* (Araras: Instituto de Difusão Espírita, 1994); Heigorina Cunha, *Imagens do Além* (Araras: Instituto de Difusão Espírita, 2009).

A Cidade Espírita: Nosso Lar

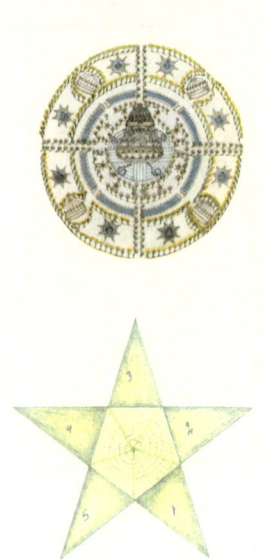

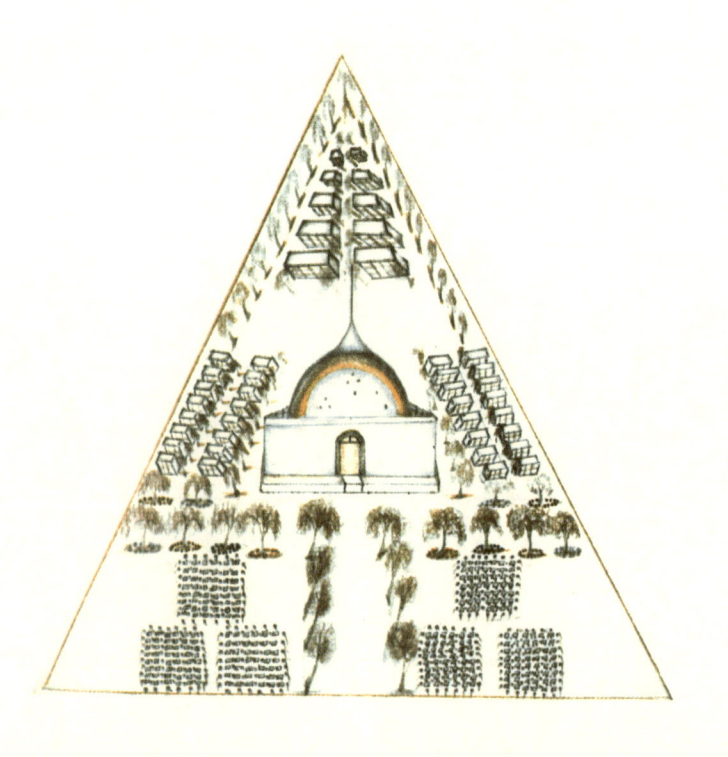

NOSSO LAR

20

In 1979, thirty-five years after the initial publication of *Nosso Lar*, the spirit André Luiz contacted yet another medium, namely the artist Heigorina Cunha (b. 1923). Through her, Luiz dictated Nosso Lar's floor plans and buildings, with the intention to provide the incarnates on earth with further information on the trajectory awaiting them after their death. Xavier confirmed the drawings to be accurate, and he stimulated Cunha to continue her work of depicting the regeneration colony.[8] At that time Xavier had already become a well-known Brazilian. In 2002, the year of Xavier's death, Brazil counted 2.34 million avowed Spiritists,[9] while around 30 million declared sympathy towards the movement.[10] The actual numbers may be much higher, as Brazilians tend to call themselves first Catholic and then Spiritist, practicing one faith in combination with the other. Xavier wrote *Nosso Lar* during an epoch defined by two important powers. The first one was the Roman Catholic Church, which was an inherent part of the Portuguese colonization of Brazil and still has a massive base in the country.[11] The second one was the dictatorship of Getúlio Vargas, who autocratically ruled

Xavier escreveu *Nosso Lar* durante uma época definida por dois poderes importantes. O primeiro era a igreja católica, uma herança da colonização portuguesa no Brasil e uma base ainda maciça no país.[11] O segundo era a ditadura de Getúlio Vargas, que autocraticamente ficou no poder de 1930 a 1945, após um golpe de estado. Ele voltou a ser eleito em 1951 e governou até 1954. Sua principal agenda estava ligada ao processo de industrialização do país rumo ao Estado Novo, que apesar de (ou graças a) seu autoritarismo e à criação de empregos fez dele um presidente relativamente popular, o que lhe garantiu o apelido de Pai dos Pobres. O historiador Robert Levine define a Era Vargas da seguinte maneira:

O próprio nome Estado Novo foi tirado do regime fascista de José de Oliveira Salazar em Lisboa. Os princípios da ditadura foram importados mais da Itália de Mussolini do que da Alemanha de Hitler, em termos de nacionalismo, organização de governo e repúdio à democracia liberal.[12]

the country after his coup in 1930 until 1945, and as democratically elected president from 1951 to 1954. His core agenda concerned the industrialization of the country into the *Estado Novo* (New State), which, in spite of – or thanks to – his authoritarian rule and owing to the successful creation of jobs, made him relatively popular and earned him the nickname *O Pai dos Pobres* (Father of the Poor). Historian Robert Levine characterizes Vargas's rule as follows:

State portrait of Getúlio Dornelles Vargas (circa 1930), 14th and 17th president of Brazil.

Retrato oficial de Getúlio Dornelles Vargas (cerca de 1930), 14° e 17° presidente do Brasil.

The name Estado Novo itself – the New State – was taken from the fascist regime of José de Oliveira Salazar in Lisbon. The principles of dictatorship were also borrowed, more from Mussolini's Italy than Hitler's Germany, in terms of nationalism, government organization, and contempt for liberal democracy.[12]

Apesar do regime autoritário de Vargas, ele ganhou apoio sobre seus opositores, as antigas oligarquias brasileiras, e sua massiva propaganda na campanha declarava: "Sob a nossa bandeira, cada brasileiro é um soldado."[13] Sua capacidade de beneficiar a classe média com suas novas políticas econômicas fez com que sua base de apoio aumentasse, apesar da violênica com que tratava seus opositores. Sobre este tema, Levine faz as seguintes observações:

A iniciativa (Estado Novo) foi brilhante a ponto de ter criado uma linguagem comum de louvor, um vínculo comum de cidadania. Ainda que a cidadania fosse oca: a liberdade de expressão e do Estado de Direito tinham sido levados, a democracia enterrada (Levine se refere aqui à noção de democracia representativa, já que esta nunca foi constituída no Brasil) e o país se transformado em uma ditadura, considerada, porém, suave para a maioria dos brasileiros, envolta em pompa e bandeiras e estandartes nas cores azul, verde e amarelo.[14]

Despite Vargas's authoritarian rule, he gained support through his opposition to the old oligarchies of Brazil, and his massive propaganda campaign that stated: "Beneath our flag, each Brazilian is a soldier."[13] His capacity to benefit the middle class with his new economic policies allowed his support to expand, despite the violence that he inflicted on his opponents. On this subject, Levine makes the following remarks:

The initiative [the New State Project – JS] was brilliant to the extent that it created a common language of praise, a common bond of citizenship. Yet that citizenship was hollow: free speech and the rule of law had been taken away, democracy buried [Levine here refers to the notion of representative democracy, as this was never constituted in Brazil – JS], and the country turned into a dictatorship, however mild for most Brazilians and wrapped in pageantry and blue, green and yellow flags and banners.[14]

Xavier's response toward both powers – the Roman Catholic Church and the Vargas dictatorship – may be

A resposta de Xavier a ambos os poderes, a igreja católica romana e à ditadura Vargas, pode ser descrita como uma forma de recolonização do ambiente religioso e político estabelecido nos séculos anteriores. Meu argumento é que Xavier efetivamente coloca a narrativa dominante dos dois poderes a serviço de uma terceira: a da política de Nosso Lar, quando se apropria e coloniza ambos em um único discurso. Por meio deste ato de colonização narrativa, ele assumiu o controle sobre um território específico, ideológico e material, que tinha pertencido previamente a grupos étnicos e políticos ou a classes religiosas.

Do lado religioso, ele efetivamente afirma que as figuras católicas da Santíssima Trindade são o fundamento da lógica "herética" de Nosso Lar:[15] "O espiritismo evoluiu nos últimos cem anos para absorver muitas noções católicas, como a caridade [...] antes de conquistar tantos simpatizantes entre os católicos."[16] Xavier se adaptou completamente aos principais símbolos do discurso da religião dominante, enquanto ao mesmo tempo os subjugou, ao incluí-los na sua

described as a form of *re-colonization* of the religious and political environment that had been established in the preceding centuries. I will argue that Xavier effectively put the dominant narratives of both powers at the service of a third narrative, that of Nosso Lar's politics, thus appropriating – colonizing – both into a single discourse. Through this act of narrative colonization he took control over a specific ideological and material territory, which had previously belonged to ethnic groups and political or religious classes. On the religious side, he effectively assimilated the Catholic figures of the Holy Trinity as the main fundaments of the otherwise absolutely "heretic" logic of Nosso Lar[15]: "Spiritism evolved over 100 years to incorporate many Catholic notions such as charity [...] therefore winning many Catholic sympathizers."[16] Xavier fully adapted himself to the principal symbols of the dominant religious discourse, while at the same time subduing it by embedding it in his own Spiritist meta structure. This does not imply that there was no resistance from the side of the Church to Xavier's growing influence, as it had already campaigned against Spiritism

própria metaestrutura do espiritismo. Isso não significa que não houve resistência por parte da igreja à crescente influência de Chico Xavier, a igreja católica já tinha se posicionado contra o espiritismo antes de Xavier tê-lo transformado em um movimento de massa.[17] Entretanto, uma vez que a igreja entendeu que os brasileiros estavam incluindo "extensões" à sua fé principal, a oposição mais violenta chegou ao fim. Não apenas porque Xavier dispunha de características pacifistas, como Ghandi: ele pregava a não violência, o que, entretanto, como argumentarei a seguir, acabou por conclamar seu próprio monopólio de violência na forma do governo de Nosso Lar.

A decisão de Chico Xavier por essa estratégia de assimilação deve ter sido baseada em um exemplo da história do Brasil, no caso, a dos quilombos, que eram redes de vilarejos e cidades criadas por comunidades que se declaravam rebeldes, mas na verdade eram formadas por escravos fugidos. O Quilombo dos Palmares (1605-1694) é o exemplo histórico mais conhecido, porque resistiu como uma

before Xavier would transform it into a mainstream movement.[17] However, once the Church understood that Brazilian Roman Catholics were in fact embracing this "extension" of their own faith, it put an end to its violent opposition, not in the least because Xavier had displayed Gandhi-like characteristics such as propagating non-violence, which, however, as I will argue below, ultimately claims its own monopoly of violence in the form of the government of Nosso Lar.

Xavier's decision for this assimilation strategy may have been based on an example from Brazilian history, namely the quilombos, which were networks of villages and cities created by self-declared "rebel" communities who were in fact runaway slaves. The quilombo of Palmares (1605–1694) is historically the most famous example, as it stood its ground as an autonomous community against both the Portuguese and Dutch armies for sixty-five years before being destroyed after a vigorous war campaign launched by the Portuguese. An even more appropriate example that may have influenced Xavier's implementation of

comunidade indenpendente tanto contra os exércitos portugueses quanto holandeses por 65 anos antes de finalmente ser sobrepujado e destruído, depois de uma vigorosa batalha comandada pelos portugueses. Um exemplo ainda mais apropriado que pode ter influenciado a opção de

Mediums Chico Xavier (middle) and Heigorina Cunha (right).

Chico Xavier pela não-violência para colonizar a religião dominante pode ter sido a cidade de Canudos (1893–1897), criada pelo padre Antônio Conselheiro, mais conhecido como Conselheiro. A cidade ficava em uma remota área no sertão da Bahia e era habitada por 30 mil pessoas, antes de ter sido destruída por uma campanha militar organizada pelo governo brasileiro.[18] Durante toda a história do Brasil, qualquer oposição que exigisse a independência dos colonizadores no poder era enfrentada com mão de ferro e

non-violent means to colonize the dominant religious field is the city of Canudos (1893–1897), established by the dissident priest Antônio Conselheiro, nicknamed the Counselor. The city was located in the remote inland area of Bahia and was inhabited by about thirty-five thousand citizens, before it was destroyed by a military campaign set out by the national government after four years in office.[18] Throughout Brazil's history, any opposition that demanded independence from the ruling colonizers was met with similar force and slaughter. The process of assimilation, of recolonization, as chosen by Xavier, is a strategy put into place in order to avoid violent confrontation, while securing a "relative independence" for the colony.

Xavier demonstrated a similar attitude toward the Vargas regime. The book *Nosso Lar* appeared during the first years of the Vargas dictatorship. But apart from having wrapped his heretic Spiritism in a Roman Catholic package, the medium also tirelessly preaches emphatically against all active forms of rebellion throughout the book, claiming that Nosso Lar's order was

morte. O processo de assimilação e de recolonização, como foi definido por Xavier, pode ser considerado como uma estratégia para evitar qualquer confronto violento, enquanto assegurava uma "independência relativa" da colônia.

Ele demonstrou uma atitude similar em relação ao regime ditatorial de Vargas. Mas, à parte de ter embalado seu espiritismo "herético" no pacote da igreja católica romana, o médium também pregou incansavelmente e com determinação contra todas as formas ativas de rebelião consagradas, alegando que a ordem de Nosso Lar era "infinitamente justa". Como resultado e garantia, seu Governador já estava no poder há 114 anos quando André Luiz chegou a Nosso Lar.[19] "Somos livres apenas na medida em que obecemos", é uma das máximas de Xavier para descrever a ordem do poder político da cidade.[20] É um slogan que poderia ter se mesclado facilmente à máquina de propaganda de Vargas, com a promessa de um governo de 114 anos, um prognóstico fantasmagórico que Vargas teria abraçado com muito bom grado. Um livro de escola primária na época do governo de Vargas menciona o seguinte diálogo:

"infinitely just." As a result and guarantee, its Governor had already been in power for 144 years at the time of André Luiz's arrival to Nosso Lar.[19] "We are only free when we learn to obey," is one of the so-called wisdoms of Xavier's description of the city's political order.[20] It is a slogan that could have merged easily with Vargas's propaganda machinery, with the promise of a 114-year rule as a phantasmal prognosis that Vargas would have embraced all too willingly. A primary school textbook at the time of Vargas's rule mentions the following dialogue:

"What is government papa?"
"[Government] is an organization that directs and orients the destiny of the country, attending to its needs and its progress. Everybody needs a guide, a governor, a director who makes things run smoothly."[21]

It is not difficult to imagine that this textbook actually could have been Xavier's *Nosso Lar*.

"O que é governo, papai?"
"Governo é uma organização que dirige e orienta o destino do país, tomando conta de suas necessidades e de seu progresso. Todos precisam de um guia, de um Governador, um diretor para fazer com que as coisas funcionem tranquilamente."[21]

Não é difícil imaginar que este livro poderia ter sido *Nosso Lar*, de Xavier. Ele assimila, desta forma, elementos tanto da religião dominante quanto do discurso político, de forma a rearticulá-los com maestria, o que, de outra forma, teria sido apontado como blasfêmia pelos católicos e como dissidência pela classe política. Sua ordem espírita é uma colônia dentro de uma colônia, que ao mesmo tempo está em um outro lugar. Esse outro lugar é tolerado porque é construído em princípios que sugerem submissão e afirmação ao establishment religioso e político e ativamente suprime qualquer noção de crítica e revolta. O espiritismo de Xavier neste sentido se torna mais uma, ou simplesmente uma extesão, na sequencia das colônias que dominaram a história do Brasil.[22]

Xavier thus assimilates elements from both the dominant religious and political discourses, so as to rearticulate them within a domain that would otherwise have been identified as blasphemy by the Catholic Church, and as dissidence by the political class. His Spiritist order is a colony inside a colony, but at the same time it takes place *elsewhere*. This elsewhere is tolerated because it is built on principles that suggest a submission to, and affirmation of, the *present* religious and governmental politics and actively suppress any notions of critique and revolt. Xavier's Spiritism in that sense is yet another, or simply an "extended" colony in the sequence of colonies that have dominated the history of Brazil.[22]

The spirit colony of Nosso Lar takes the concrete form of a city, housing over one million people.[23] The city is shaped like a six-pointed star. The Government House is located in the center of the circle within which the star is inscribed. Departing from the Government House, the city is divided in six equal modules. Each module is assigned to one of the specialized branches of public administration.

A colônia espiritual Nosso Lar toma forma concreta de cidade, hospedando mais de um milhão de pessoas.[23] A cidade é uma estrela de seis pontas. A Sede do Governo está localizada no centro do círculo, dentro do qual a estrela está inscrita. Partindo da Sede do Governo, a cidade é dividida em seis módulos idênticos, cada um deles designado a uma área especializada da administração pública. Esses são os Ministérios da Regeneração, Assistência, Comunicação, Elucidação, Elevação e União Divina. As torres dos Ministérios são adjacentes ao prédio da Sede de Governo, formando assim o centro administrativo. Cercando o centro administrativo está uma grande praça seguida por centros residenciais triangulares, onde moram os empregados de cada um dos ministérios: "Os mais graduados vivem mais próximo à praça e, portato, ao centro administrativo."[24] As zonas entre as áreas residenciais, tanto apontando para fora e na direção do ministério que preside o módulo específico, são espaçadas por grandes praças verdes de lazer e edifícios de serviços para os moradores. Finalmente, todo o complexo é cercado por uma "grande muralha de proteção [...].

These are the Ministries of Regeneration, Assistance, Communication, Elucidation, Elevation, and Divine Union. The towers of the Ministries are adjacent to the Government House, thus forming the administrative center. Surrounding the administrative center there is a large square followed by the triangularly shaped residential centers, which house the employees of the respective Ministry: "The most [spiritually developed] ones live closer to the square and, therefore, to the administrative center."[24] The zones between the residential areas, both in outward direction and toward the Ministry presiding over the specific module, are spaced by large green squares for leisure, and service buildings for the

Monument dedicated to Zumbi dos Palmares, leader of the quilombo of Palmares, Brasília.

Monumento dedicado ao Zumbi dos Palmares, líder do Quilombo dos Palmares, Brasília.

Baterias de projetores magnéticos são montados sobre ela para a defesa contra os ataques dos espíritos inferiores".[25] Do lado de fora dos muros da cidade há plantações para fornecer alimento para o consumo dos habitantes.

Como já mencionado anteriormente, Nosso Lar não é nenhum tipo de paraíso. É realmente uma colônia, construída por espíritos desencarnados, antes de escolherem (ou serem escolhidos) reencarnar na Terra para aumentar seu nível espiritual, que a cada encarnação os leva a ascender a esferas mais elevadas. Embora André Luiz descreva o "Umbral" localizado entre a Terra e Nosso Lar, a Xavier, como sendo um lugar demoníaco, ele é basicamente nada além do que uma grande favela rodeando Nosso Lar, cheio de almas vagando no limbo do pós-morte: "Formas diabólicas, faces fantasmagóricas, corpos em forma de animais aparecem de vez em quando, aumentando o meu pânico. Quando está escuro, a paisagem parece ser banhada em uma luz lúgubre, como se tivesse sido envolta em uma névoa espessa, aquecida apenas de longe pelo sol."[26] No vasto

inhabitants. Finally, the whole complex is surrounded by a "great protective wall [...]. Batteries of magnetic projectors are fitted on to it for defense against attacks from inferior Spirits."[25] Outside the wall there are vegetable plantations to provide for the inhabitants' consumption.

As mentioned earlier, Nosso Lar is not some kind of "Heaven." It truly is a colony, built by the discarnate spirits, before choosing (or being chosen) to reincarnate on earth in order to increase their spiritual level with each incarnation, until they ascend into higher spheres. Although André Luiz describes the Umbral, located between the earth and Nosso Lar, to Xavier as being a demonic place, it is basically nothing more than an enormous slum surrounding Nosso Lar, filled with dispossessed souls in an afterlife limbo: "Diabolical forms, ghastly faces, animal-like countenances appeared from time to time, increasing my panic. When it was not pitch dark, the landscape seemed to be bathed in a lurid light as if shrouded in a thick mist that was warmed from afar by the rays of the sun."[26] The vast plane of the Umbral houses plano das casas do Umbral, vive um número incalculável de almas desencarnadas que ainda não atingiram a elevação espiritual necessária para entrar em Nosso Lar.[27] Elas ficam na zona negra do Umbral, perseguidas e torturadas por seres igualmente terríveis, capturadas no infinito estado de choque paranóico por terem abandonado seu corpo físico.

Para aquelas almas no Umbral, só existe uma opção para garantir acesso à cidadania da colônia regeneradora. É quando um sujeito que vive no Umbral demonstra "arrependimento genuíno" em relação aos erros que cometeu em vida. Apenas o remorso pode garantir que essas almas não vão se rebelar contra a ordem política imposta pelo Governador de Nosso Lar. Sendo que esta regra se aplica a quase todos os sujeitos no Umbral, a maioria dos espíritos se mantêm nesta região pela eterninndade, completamente inconscientes de como sair dali, se tornam mentalmente doentes até o ponto que não tem mais volta.[28] De acordo com *Nosso Lar,* a favela do Umbral é o destino que aguarda a maioria da humanidade.

incalculable numbers of discarnate souls that are deemed to not have reached an appropriate spiritual level needed for entering Nosso Lar.[27] They remain in the dark zone of the Umbral chased and tortured by equally terrifying beings, caught in the endless paranoiac shock of having abandoned their physical body.

For those souls in the Umbral, there is only one option for being granted citizenship to the regeneration colony. Namely, when the subject located in the Umbral demonstrates "genuine remorse" for his faulty life. It is this genuine remorse that is needed to assure that the souls will not rebel against the political order imposed by the Governor of Nosso Lar. Seeing that this applies to most of the subjects in the Umbral, most spirits stay within this realm for eternity, entirely unaware of a way out and thus becoming mentally ill to the point of no return.[28] According to *Nosso Lar*, the slum of the Umbral is the fate awaiting the majority of mankind.

Os critérios para ganhar acesso imediato à colônia espiritual de Nosso Lar são muito restritos. O primeiro deles é a necessiadade de conquistar o nível de elevação espiritual correto durante a vida encarnada, ainda que as ferramentas necessárias com as quais os regentes de Nosso Lar definem esse nível espiritual sejam vagas. Durante sua vida como um pediatra, por exemplo, André Luiz sempre esteve disposto a ajudar seus pacientes gratuitamente quando eles não tinham dinheiro para pagá-lo. Entretanto, como ele dedicou uma parte substancial de sua vida aos prazeres materiais para ele e para sua família, foi mandado para o Umbral por oito anos, tendo sido torturado até que começasse a gritar por perdão e, como resultado – e sua completa surpresa – foi levado à colônia de regeneração. Um outro exemplo de critério para entrar, chega por meio de um encontro entre André Luiz e uma mendiga que caminhou do Umbral até os portões de Nosso Lar. André se sente triste pela mulher, mas a liderança de Nosso Lar não permite que ele chegue perto dela. Explicam a ele que esta pessoa é um "vampiro" que não pode ter acesso a Nosso Lar e precisa ser deixada sozinha: "Esta

The criteria for gaining immediate access to the spirit colony of Nosso Lar are very strict. The first is the necessity of acquiring the "right" level of spiritual elevation during one's incarnate life, even though the exact means through which the rulers of Nosso Lar determine this level remain rather vague. During his life as a pediatrician, for example, André Luiz was willing to help his patients for free when they did not have enough money to pay him. However, as he dedicated a substantial part of his life to material pleasures for himself and his family, he was first sent to the Umbral for eight years, being tortured until he started screaming for forgiveness, and, as a result of this – and to his own surprise – being brought to the regeneration colony. Another example of the entrance criteria comes from an encounter of André Luiz's with a beggar who had walked from the Umbral to the gates of Nosso Lar. Luiz feels sorry for the woman, but the leadership of Nosso Lar does not allow him to get near her. Luiz is told that this person is a "vampire" who cannot gain access and must be left of herself: "This unfortunate creature was a professional gynecologist.

criatura desafortunada foi uma ginecologista profissional. Ela explorava a aflição de mulheres inexperientes e cometeu [...] crimes terríveis sob o pretexto de aliviar suas consciências. Suicidas e homicidas podem algumas vezes ter circunstâncias atenuantes, mas o caso dela é muito grave."[29] Ao ler *Nosso Lar*, é comum se pensar que qualquer forma de resistência ao poder, especialmente quando protagonizada por uma mulher, vai levar a uma vida eterna no Umbral. Depois de recusar a entrada da ginecologista "vampira", André recebe a explicação de que "o movimento feminista contemporâneo é uma ofensa abominável aos verdadeiros atributos do espírito feminino".[30]

Além de exigir o perdão ou de ter levado uma vida correta, outro aspecto deve ser mencionado em relação aos critérios de seleção para as almas incarnadas terem direito a um lugar em Nosso Lar. Entrar na colônia parece ser permitido apenas aos bem-educados, como apontado corretamente pela artista Tamar Guimarães: "Ao olhar para retratos e nomes dos espíritos mensageiros que falam através de Chico

She used to exploit the affliction of inexperienced young women and committed [...] terrible crimes under the pretext of easing their consciences. Suicides and murders may sometimes present mitigating circumstances, but her case is worse by far."[29] Reading *Nosso Lar,* one may easily imagine that any form of resistance against power, especially when perpetrated by women, will lead to an eternal life in the Umbral. After refusing the "vampire" gynecologist any entry, Luiz is told that "the desperate contemporary feminist movement is an abominable offense to the true attributes of the female spirit."[30]

Aside from demanding forgiveness or actually having led the "right" life, another aspect should be mentioned concerning the selection criteria for discarnate souls to be granted a place in Nosso Lar. Entry into the colony seems to be granted only to the well-educated, as is rightly pointed out by artist Tamar Guimarães: "Looking through the portrait and the names of the spirit messengers who spoke through Xavier, one is surprised, or perhaps not, to find they were all white and in large part European, or

Xavier, pode-se surpreender, ou não, ao descobrir que são todos brancos em grande parte europeus, ou então médicos, advogados, juízes e enfermeiras."[31] Então, em adição à questão sobre se a pessoa tem ou não o nível de espiritualidade correto – um critério que permanece obscuro em todo o livro, deixando o espírita com o permanente senso de incerteza sobre o que uma "vida correta" significa – há um critério de seleção ainda mais fundamental: ser branco, vir da aristorcracia bem educada, que remonta até o tempo dos primeiros grupos de colonizadores, "os distintos portugueses" que construíram Nosso Lar. Como o filósofo Vincent van Gerven Oei corretamente observou, "apesar da descolonização do Brasil, o mundo espiritual – a espinha dorsal fantasmagórica da sociedade – continua a ser governado pelo mundo ocidental". Nosso Lar funciona assim como uma espécie de estação espiritual encarregada da europeização do Brasil.

A partir desta perspectiva, não é exatamente uma surpresa que os cidadãos de Nosso Lar continuamente critiquem o mundo encarnado, especialmente seu sistema e lógica

else had been doctors, lawyers, judges and nurses."[31] So in addition to the question whether one has acquired the right level of spirituality – a criterion that continues to remain obscure throughout the book, leaving the believer with a permanent sense of uncertainty about what exactly this "right" life entails – there is an even more fundamental selection criterion: that of a white, highly educated aristocracy, which can be traced back to that very first group of colonizers, the "distinguished Portuguese" who built Nosso Lar. As philosopher Vincent van Gerven Oei rightfully observed, "Despite the decolonization of Brazil, the spirit world – the phantasmal backbone of society – continues to be ruled by the Western world." Nosso Lar thus functions as a sort of spirit station in charge of the continued colonization of Brazil.

From this perspective, it comes as no surprise that the citizens of Nosso Lar continuously criticize the order of the incarnate world, especially its systems and logics of rewarding work and knowledge with a certain "status." Upon discussing the earthly society, a spirit reveals to de gratificação do trabalho e do conhecimento com um certo "status". Ao discutir a sociedade terrena, um espírito revela a André Luiz: "Os governos e as empresas pagam os médicos que negligenciam suas atividades e se voltam para outros interesses, e eles pagam os trabalhadores comuns que simplesmente matam o tempo. [...] Eles se aproveitam de leis favoráveis, e como moscas venenosas no pão sagrado, exigem facilidades, grandes bônus e pensões."[32] Embora isso possa soar como uma crítica à sociedade capitalista hierárquica como tal, o tema aqui é mais sutil. Como pode ser apreendido a partir da discussão sobre os meios de distribuição dos bens produzidos nos campos e fábricas, bem como a divisão da propriedade e da infraestrutura residencial de Nosso Lar, torna-se claro que não é tanto a hierarquia do estado encarnado e sua valorização do trabalho, que são criticados, ou propriamente da sua cultura de bônus, mas simplesmente os seus critérios para a distribuição de lucros. O sistema de (estado) hierarquia ou privilégio, como tais, não são errados, errada é a escolha de quem tira proveito disso. *Nosso Lar* oferece uma resposta para o problema do trabalho

André Luiz: "Governments and companies pay doctors who neglect their activities and turn to other interests, and they pay ordinary workers who merely kill time. [...] They take advantage of favorable laws, and like poisonous flies on sacred bread, demand facilities, huge bonuses and pensions."[32] Although this may sound like a critique of hierarchical, capitalist society as such, the point being made here is more subtle. As may be gathered from the discussion on the means of distribution of the goods produced in the fields and factories, as well as the division and ownership of the residential infrastructure of Nosso Lar, it becomes clear that it is not so much the hierarchy of the incarnate state and its valuation of labor that are criticized, or its bonus culture for that matter, but simply its criteria for the *distribution of profit*. The system of (state) hierarchy or privilege as such is not wrong, rather it is *the choice of who profits from it*. Nosso Lar offers a response to the problem of "idle" work by introducing the idea that only "useful" service is rewarded; it is a matter of spiritual efficiency.[33] The dominant logic is the same; it is simply perfected by a change of criteria.

"ocioso", introduzindo a idéia de que apenas o serviço "útil" é recompensado; é uma questão de eficiênica espiritual.[33] A lógica dominante é a mesma; simplesmente aperfeiçoada por uma mudança de critério.

Assim, Nosso Lar introduz uma versão "correta" da mesma estrutura, baseado no que é chamado de horas-bonificadas: "um cupom individual com poder de compra".[34] Um dos espíritos colonizadores explica da seguinte maneira: "Cada um de nós que trabalha deve contribuir com pelo menos oito horas de trabalho útil durante as 24 horas do dia." Basicamente, horas-bônus é dinheiro pago como salário. Em resposta à pergunta sobre a definição exata desse "serviço útil", a liderança diz a André que "se o trabalho exige sacrifício pessoal, a remuneração correspondente é multiplicada para compensar".[35] Para compreender plenamente a valorização do trabalho e os privilégios que derivam dele, é importante ter em mente não apenas que as horas-bônus estão ligadas ao que é chamado de "serviço útil", mas também ao fato de que o serviço útil tem um valor agregado próprio:

Thus, *Nosso Lar* introduces a "corrected" version of the same structure, based on what is called the hour-bonus: "an individual service coupon with purchasing power."[34] One of the spirit colony's citizens explains it as follows: "Each of us who works must contribute at least eight hours of useful service per twenty-four hour day." Basically the "hour-bonus" is money paid as a salary. In response to the question about the exact definition of this "useful service," the leadership tells Luiz that "if the work requires personal sacrifice, the corresponding remuneration is multiplied to compensate."[35] To fully grasp the valuation of work and the privileges that derive from it, it is important not only to keep in mind that hour-bonuses are connected to what is called "useful service," but also that useful service has an added value of its own: "We may spend our hour-bonuses [...] because our individual file contains a record of the time we spend in useful service, it is even more valuable than hour-bonuses because it entitles us to precious privileges."[36] Examples of these privileges are explained as follows: "Only those who contribute [useful service] may own a private home. The

"Podemos gastar nossas horas-bônus [...] porque o arquivo de nossa vida individual contém um registro do tempo que passamos em serviço útil, ele é ainda mais valioso do que as horas-bônus, porque nos dá direito a privilégios preciosos."[36] Exemplos desses privilégios são explicados como se segue: "Somente aqueles que contribuem [com serviço útil] podem possuir uma casa particular. Aos preguiçosos são naturalmente oferecidas roupas, mas apenas os trabalhadores dedicados são capazes de satisfazer seu gosto individual no vestir. [...] Espíritos ociosos podem vaguear em nossos campos de repouso ou nos complexos de tratamento, a pedido de amigos de trabalho, ao passo que as almas que trabalham ganham horas-bônus e podem desfrutar da companhia de seus entes queridos nas áreas de entretenimento, por exemplo, ou podem tirar proveito dos ensinamentos de instrutores oferecidos nas diferentes escolas de todo o Ministério."[37]

Chegando à conclusão inevitável de que a ordem de Nosso Lar é uma continuação do projeto materialista, estadista e colonial, o sistema é complementado com violência para

lazy ones are of course provided with clothing, but only devoted workers are able to satisfy their individual taste in dress. [...] Idle spirits may roam in our fields of repose or in the treatment complexes at the request of working friends, whereas souls who work earn hour-bonuses and may enjoy the company of their loved ones in the entertainment areas, for example, or they may take advantage of the teachings of learned instructors at the different schools of all the Ministries."[37]

Reaching the inevitable conclusion that the order of Nosso Lar is a continuation of the materialist, statist, and colonial project, the system is supplemented with *violence* to sustain this order. Its most important threats on the one hand are located in the privileges that come with the hour-bonuses and the envy and revolt that these might instigate among the population of Nosso Lar, and on the other hand in the Umbral, which houses endless masses that wish to obtain access to the privileged life of Nosso Lar citizens by any means necessary. A concrete event in the history of Nosso Lar shows us the precise manter a ordem. Suas ameaças mais importantes, por um lado encontram-se nos privilégios que vêm com as horas-bônus e na inveja e revolta que essas podem instigar entre a população de Nosso Lar, por outro lado, no Umbral, que abriga massas infinitas que desejam obter acesso à vida privilegiada dos cidadãos de Nosso Lar por qualquer meio necessário. Um caso concreto na história de Nosso Lar nos mostra a estrutura precisa da repressão desses protestos através da organização da violência.

O melhor exemplo da extremidade das medidas que o Governador da colônia está disposto a tomar a fim de salvaguardar a sua estabilidade econômica e política é ilustrado por seu plano de abandonar as formas tradicionais de nutrição. Um representante de Nosso Lar diz a André sobre este episódio preocupante: "O nosso atual Governador decidiu reduzir todas as práticas de vida que podem nos fazer lembrar de fenômenos puramente físicos. [...] Muitos recém-chegados a Nosso Lar dobraram suas demandas. Eles queriam suntuosos alimentos e bebidas finas, porque

structure of the suppression of these protests through the organization of violence.

The best example of the extremity of the measures that the Governor of the colony is willing to take in order to safeguard its economic and political stability is illustrated by his plan to abandon traditional forms of nutrition. A representative of Nosso Lar tells Luiz about this troubling episode: "Our current Governor decided to reduce all the life practices that might remind us of purely physical phenomena. [...] Many newcomers to Nosso Lar doubled their demands. They wanted sumptuous food and fine drinks, for they were still influenced by old earthly vices. [...] [A]t the Governer's request, two hundred instructors came down from a very high sphere in order to provide new instruction concerning the science of breathing and absorbing vital elements directly from the atmosphere."[38] However rare in the history of Nosso Lar, this decision of the Governor was questioned because of its radicalism: "Some of the technical collaborators of Nosso Lar were against these innovations, arguing that since this was a transition colony, ainda estavam influenciados por velhos vícios terrenos. [...] A pedido do Governador, 200 instrutores desceram de uma esfera muito elevada, a fim de fornecer novas instruções sobre a ciência da respiração e absorção de elementos vitais diretamente da atmosfera."[38] No entanto, não raro na história de Nosso Lar, esta decisão do Governador foi questionada por causa de seu radicalismo: "Alguns dos colaboradores técnicos de Nosso Lar eram contra essas inovações, argumentando que, uma vez que esta era uma colônia de transição, seria injusto e impossível a apresentação imediata a espíritos desencarnados de tais medidas drásticas, sem grave perigo para sua reconstrução espiritual."[39]

O Governador, no entanto, não desistiu e continuou a implementar essas novas diretrizes para a oferta de alimentos por um período de 30 anos, resultando em um evento ainda mais notável na colônia regeneração: protestos públicos. Durante este período, o Ministério da Assistência – responsável por orientar os cidadãos de Nosso Lar no processo de reencarnar ou prosseguir para um próximo plano espiritual, mas

it would be both unjust and impossible to immediately submit discarnate spirits to such drastic measures without gravely endangering their spiritual makeup."[39]

The Governor, however, did not give in and continued to implement these new guidelines for food supplies for a period of thirty years, resulting in an even more remarkable event in the regeneration colony, namely: *public protests.* During this period, the Ministry of Assistance – which is in charge of guiding the citizens of Nosso Lar through the process of being either reincarnated back on earth, or proceeding to a next spiritual plane, but also functions as a hospital – became overcrowded with patients claiming to suffer from nutrition disorders. After twenty-two years, the Ministry of Elevation – which concerns itself with guiding the citizens of Nosso Lar during their travel onto higher planes, after they have successfully acquired sufficient spiritual credit as incarnate spirits on earth – gave in to the new nutrition policies. But the Ministry of Elucidation – which conducts the phase preceding the actual travel onto higher spiritual planes – continued

que também funciona como um hospital – ficou superlotado com os pacientes alegando sofrer de distúrbios nutricionais. Após 22 anos, o Ministério da Elevação – que se preocupa com a orientação dos cidadãos de Nosso Lar durante a sua viagem para planos mais elevados, após terem adquirido sucesso em obter créditos espirituais suficientes, como espíritos encarnados na Terra – cedeu às novas políticas de nutrição. Mas o Ministério da Elucidação – que conduz a fase que antecede a viagem real a planos espirituais mais elevados – continuou a revolta: "Eles mandam ao Governador longas observações semanais e advertências cheias de análises e dados numéricos, e tornaram-se às vezes bastante indiscretos."[40] Quanto mais alto está localizado o Ministério na ordem de Nosso Lar (sendo que o Ministério da Elevação é o segundo mais elevado e o da Elucidação, o terceiro), mais cedo os seus trabalhadores percebiam que o Governador estava certo. Mas incentivados pela resistência do Ministério da Elucidação "alguns dos espíritos menos evoluídos que foram submetidos a tratamentos ali começaram a atuar de maneira desprezível. Esse tipo de problema causou enormes

to revolt: "They send the Governor weekly lengthy observations and warnings full of analyses and numerical data, and they became quite indiscrete at times."[40] The higher the Ministry is situated in the order of Nosso Lar (Elevation being the second highest and Elucidation the third highest in rank) the sooner its laborers came to the insight that the Governor was right. But as encouraged by the resistance of the Ministry of Elucidation "some of the less-evolved spirits who were undergoing treatment there started acting contemptibly. These sorts of problems caused enormous schisms within the collective agencies of Nosso Lar, which in turn encouraged a frightening attack by dark multitudes from the Umbral."[41]

The symbol of disobedience that attracted these "dark multitudes" was a black market, providing the dissident citizens of Nosso Lar with the consumption articles prohibited by the Governor. Its emergence resulted in a general alarm, forcing the Governor to declare a *state of emergency*: detention cells were prepared for the isolation of defiant spirits, and he subsequently prohibited

divisões dentro das agências coletivas de Nosso Lar, que por sua vez, incentivou um ataque assustador por multidões escuras do Umbral".[41]

O símbolo de desobediência, que atraiu essas "multidões escuras" foi um mercado negro, proporcionando aos cidadãos dissidentes de Nosso Lar os artigos de consumo proibidos pelo Governador. Seu surgimento resultou em um alarme geral, forçando o Governador a declarar estado de emergência: celas de detenção foram preparadas para o isolamento de espíritos desafiadores, e ele posteriormente proibiu assistência às "regiões inferiores" e ligou as baterias elétricas das muralhas da cidade para servir como defesa geral. Depois, a pedido do Governador: "a dieta em Nosso Lar foi reduzida para a respiração de elementos da atmosfera de apoio à vida, junto com a água misturada com elementos elétricos, magnéticos e solares. Assim, a colônia experimentou a indignação de uma raça e só o que um espírito poderia ser".[42] Isso resultou na vitória do Governador como líder soberano, contínuo e exclusivo de Nosso Lar, provando o potencial de viver de

assistance to the "lower regions" and had the electric batteries of the city wall switched on to serve as a common defense. Then, at the demand of the Governor: "the diet at Nosso Lar was reduced to the breathing in of life-supporting elements from the atmosphere, along with water blended with electrical, magnetic and solar elements. Thus, the colony experienced what the indignation of a kind and just spirit could be like."[42] This resulted in the victory of the Governor as the continuous and sole sovereign leader of Nosso Lar, proving the potential of living off the atmosphere, which led to the admittance of error by the ministry and full cooperation in the work of "adjustments."

Here, dictatorial absurdity is effectively implemented through the state of emergency, possibly taking inspiration from the 1935 state of emergency that was declared by the Vargas dictatorship after the clandestine Communist Party of Brazil, directed by the Comintern, attempted to take over power. The "dark multitudes" represent the masses of landless workers and peasants, which both on

elementos da atmosfera, o que levou à admissão de erro pelo ministério e de cooperação total no trabalho de "ajustes".

Aqui, o absurdo ditatorial é efetivamente implementado através do estado de emergência, possivelmente inspirando no seu similar aqui na Terra, em 1935, declarado pela ditadura Vargas, após o Partido Comunista do Brasil, dirigido pelo Comintern, ter tentado tomar o poder. As "multidões escuras" representam as massas de trabalhadores sem terra e camponeses, que tanto na Terra como na colônia de regeneração Nosso Lar foram confrontados com a exclusão sistemática dos privilégios detidos por muito poucos.

Os contornos do projeto do Governador de engenharia social se tornam claros através de seu monopólio da violência. Tudo em Nosso Lar, sua organização visual e espacial, é dedicada a sustentar o poder do Governador e de seu controle e uma visão geral sobre a colônia de regeneração inteira e, assim, a alteração da natureza do homem "primitivo" em um novo homem espiritualmente iluminado.

earth and in the regeneration colony of Nosso Lar were confronted with systemic exclusion from the privileges held by the very few.

The outlines of the Governor's project of *social engineering* become clear through his monopoly on violence. Everything in Nosso Lar, its visual and spatial organization, is dedicated to sustaining the power of the Governor and his control and overview over the entire regeneration colony and thus the alteration of the nature of "primitive" man into a new spiritually enlightened man.

All forms of architecture and art are at the service of this project. When describing his experiences to Xavier, the spirit André Luiz mentions: "On the public street, I [...] heard beautiful melodies floating through the air. Noticing my inquiring look, Lisias [one of Nosso Lar's citizens, guiding Luiz – JS] kindly explained: 'That music is coming from Nosso Lar's workshops. After a series of observations, the Government discovered that music stimulates the efficiency of labor in all areas of constructive effort.

Todas as formas de arte e arquitetura estão a serviço deste projeto. Ao descrever suas experiências a Xavier, o espírito André Luiz menciona: "Na rua pública, eu [...] ouvia belas melodias flutuando no ar. Percebendo meu olhar indagador, Lisias [um dos cidadãos de Nosso Lar, que orienta André – JS] gentilmente explicou: "Essa música é proveniente das oficinas de Nosso Lar. Após uma série de observações, o Governo descobriu que a música estimula a eficiência do trabalho em todas as áreas de esforço construtivo. Consequentemente, ninguém em Nosso Lar funciona sem esse alegre incentivo."[43] Um dos luxos que podem ser obtidos através de horas-bônus é a satisfação da cultura numa das áreas de entretenimento, das quais o "campo da música é a mais importante". O espaço é organizado como um parque, onde "nas bordas exteriores dos campos, vários estilos de música são tocados para agradar o gosto pessoal de cada grupo dos que ainda não conseguem entender essa arte sublime. No centro, no entanto, não é a música universal e divina, a arte mais elevada e santificada".[44] Chegando ao centro, Luiz observa: "O que eu vi neste parque ultrapassou

Consequently, no one in Nosso Lar works without that joyful incentive.'"[43] One of the luxuries that may be obtained through sufficient bonus-hours is indulgence in culture in one of the entertainment areas, of which the "Field of Music" is the most prominent. The space is organized as a park, where "at the outer edges of the fields, several styles of music are played to please the personal taste of each group of those who cannot yet understand the sublime art. In the center, however, there is universal and divine music, the higher and sanctified art."[44] Arriving in the center, Luiz observes: "What I saw in this park exceeded everything that had previously filled me with awe. Yet the brilliance of the scene was not due to superfluity of excess of any kind, but rather to the artistic blending of simplicity and beauty. The women there exhibited refined elegance and good taste, without any excess which could detract from the divine simplicity."[45]

It is in this "divine simplicity" that we see the craft of state power at its best, altering and interweaving the values of transport, education, sustenance, art, and architecture tudo o que já havia me enchido de admiração. No entanto, o brilho da cena não foi devido ao excesso de qualquer espécie, mas sim à mistura artística da simplicidade e da beleza. As mulheres exibiam elegância e bom gosto, sem qualquer excesso que pudesse prejudicar a simplicidade divina."[45]

É nesta "simplicidade divina" que vemos o exercício do poder do Estado no seu melhor, transformando os valores do transporte, da educação, do sustento, da arte e da arquitetura em um único e mesmo princípio: o do valor do serviço. É a "simplicidade divina" com a qual a criança aprende a abraçar o governo como uma ferramenta para manter a ordem. A "simplicidade divina" com a qual Nosso Lar protege-se das multidões escuras que surgem à procura de igualdade, assim como os regimes coloniais que se protegiam das organizações de escravos fugitivos e padres dissidentes.

Nosso Lar é, portanto, (1) uma cidade psicografada por Xavier, com orientações ditadas por André Luiz, mediando as figuras de Vargas e da Igreja Católica Romana do além

into one and the same principle: that of *valuable service.*
It is the "divine simplicity" with which the child learns to embrace government as a tool for maintaining order. The "divine simplicity" with which Nosso Lar protects itself from the dark multitudes that rise up in demand of equality, just as the colonial regimes that protected themselves from the organizations of runaway slaves and dissident priests.
Nosso Lar is thus (1) a mediated city, psychographed by Xavier, dictated by Andre Luiz mediating the figures of Vargas and the Roman Catholic Church, from the beyond into the present. It is (2) a socially engineered city, which attempts to alter the behavior of its citizens to become a model of spiritual man. It is (3) a colonial project, a form of recolonization, because it consciously appropriates the project of overtaking land and resources from its indigenous people. Because of its closed structure it is (4) a gated community, excluding the many that would like to share in the privileges of the few. It is (5) a hierarchic model, organizing different classes of citizens in different partitioned segments under different Ministries, and depending on their political and economic status they are brought closer to its privileged

para o presente. É (2) uma cidade de engenharia social, que tenta alterar o comportamento dos seus cidadãos para que se tornem um modelo de homem espiritual. É (3) um projeto de colônia, uma forma de re-colonização, porque conscientemente se apropria do projeto de tomar a terra dos povos indígenas. Por causa de sua estrutura é (4) um condomínio fechado, excluindo muitos que gostariam de compartilhar os privilégios de poucos. Trata-se (5) de um modelo hierárquico, organizando as diferentes classes de cidadãos em diferentes segmentos particionados e diferentes ministérios que, dependendo do seu estatuto político e econômico, se aproximam ao centro privilegiado. E, finalmente, é (6) uma sociedade estadista, já que os meios de produção, o monopólio da violência e os recursos sociais estão nas mãos de um governo autocrático.

center. And finally, it is (6) a statist society, as the means of production, monopoly of violence, and social resources are all in the hands of its autocratic government.

1. His first book *Poetry from Beyond the Grave (Parnaso de Além-Túmulo)* from 1932 is perhaps the most remarkable: "The book included 259 poems dictated by famous dead Brazilian poets. The widow of one of these poets challenged Xavier in court in order to obtain her share of her dead husband's royalty. The judge denied her claim, explaining: 'The man is dead, and dead people have no rights,'" from: Tamar Guimarães, *A Man Called Love* (São Paolo/Rio de Janeiro: Capacete Productions, Oslo: Forlaget, 2010), p. 68.
2. Guy Lyon Playfair, *Chico Xavier: Medium of the Century* (Brasília: International Spiritist Council, 2010), pp. 13-14, 22.
3. The Spiritist movement is generally considered to have started in France, in 1855, when "Hippolyte-Léon Denizard Rivail, an intellectual pseudonymously called Allan Kardec, planned to perform a scientific investigation on the supposed manifestations of spirits. [...] [H]e aimed to develop a method to obtain valid knowledge from communication with spirits. [...] Kardec organized the information into a single theory in 1857. The resulting philosophy he called "Spiritism," or "Spiritist Doctrine," defined as 'a science which deals with the nature, origin and destiny of Spirits, as well as their relationship with the corporeal world.'" From: A. Moreira-Almeida et al., *'Spiritist Madness' in Brazil* (London/New Delhi, SAGE Publications, 2005), p. 2. See also: www.ameinternational.org/site/br/artigos/History_of_Spiritist_Madness.pdf, and Tamar Guimarães, *A Man Called Love* (São Paolo/Rio de Janeiro: Capacete Productions, Oslo: Forlaget, 2010), p. 86.
4. Francisco Cândido Xavier, *Nosso Lar* (Brasília: International Spiritist Council, 2006), p. 170.
5. Heigorina Cunha, *Imagens do Além* (Araras: Instituto de Difusão Espírita, 2009), p. 30 (translated on request of the author by Amilcar Packer, see www.jonasstaal.nl/images_from_the_afterlife.pdf for the document of this translation).

1. Seu primeiro livro *Parnaso de Além-Túmulo*, de 1932 é talvez o mais marcante: "O livro inclui 259 poemas ditados por famosos poetas brasileiros já mortos. A viúva de um deles levou Xavier à justiça para exigir sua parte nos direitos autorais sobre a obra de seu finado marido. O juiz negou seu pedido, alegando: "O homem morreu e os mortos não têm direitos". Em Tamar Guimarães, *Um Homem Chamado Amor*, (São Paulo/Rio de Janeiro: Capacete Entretenimentos, Oslo: Forlaget, 2010), p. 68.
2. Guy Lyon Playfair, *Chico Xavier: Medium of the Century* (Chico Xavier, o Médium do Século, em tradução livre), Brasília: Conselho Internacional de Espiritismo, 2010, pp. 13-14, 22.
3. Considera-se que o movimento espírita tenha começado na França em 1855, quando Hippolyte-Léon Denizard Rivail, um intelectual que adotou o pseudônimo de Allan Kardec, planejou fazer uma investigação da suposta manifestação dos espíritos. [...] Ele tentou desenvolver um método para conseguir conhecimento válido para se comunicar com os espíritos. [...] Kardec organizou a informação em uma única teoria, em 1857. A filosofia resultante desses estudos, ele chamou de espiritismo ou doutrina espírita, definida como "uma ciência que trata com a natureza, origem e destino dos espíritos, tanto quanto sua relação com o mundo corpóreo". Fonte: A. Moreira-Almeida et al., *'Spiritist Madness' in Brazil* ("Loucura Espírital" no Brasil, tradução livre) (London, New Delhi: SAGE Publications, 2005) p. 2. Veja também: www.ameinternational.org/site/br/artigos/History_of_Spiritist_Madness.pdf, and Tamar Guimarães, *A Man Called Love* (São Paulo/Rio de Janeiro: Capacete Entretenimentos, Oslo: Forlaget, 2010), p. 86.
4. Francisco Cândido Xavier, *Nosso Lar* (Brasília: Conselho Internacional de Espiritismo, 2006), p. 170.
5. Heigorina Cunha, *Imagens do Além* (Araras: Instituto de

Notes

6. Xavier, *Nosso Lar*, p. 59.
7. Ibid., p. 60.
8. Cunha writes the following about her meeting with Xavier and his judgment of her drawings: "The kind medium from Uberaba took an interest in it [Cunha refers to Xavier's interest in her drawings – JS] and asked me to bring him the drawings. I was very surprised to hear that it was 'The Astral City' [Nosso Lar is generally translated as either 'Our Home' or 'The Astral City' – JS], corresponding accurately to its shape. Encouraged by his affection and understanding, I sought to register other details of the city, which are shown in this book. [...] Xavier [...] generously took charge of the complementary details and of getting them to the Institute for Spiritist Dissemination, which, in its turn, published it." From: Heigorina Cunha, *Cidade no Além* (Araras: Instituto de Difusão Espírita, 1994), p. 9. Translated on request of the author by Maíra Silva. See also: www.jonasstaal.nl/city_in_the_beyond.pdf
9. In 2002 *Brazzil Magazine* reported the following statistics: "According to the IBGE (Instituto Brasileiro de Geografia e Estatística –Brazilian Institute of Geography and Statistics) Census, there are 2.34 million declared Spiritists in Brazil. While an impressive number, this represents less than 1.5 percent of Brazil's population (175 million). Some experts believe that at least 10 percent of the population practices Spiritism even though many of them are Catholic or belong to a protestant denomination. More than that, a survey made in 1996 by Vox Populi showed that 59 percent of Brazilians believe into two basic postulates of Spiritism that are not accepted by Catholicism or Protestantism: communication with the dead and reincarnation. From: www.brazzil.com/p06aug02.htm.
10. Guimarães, *A Man Called Love*, p. 87.
11. In 2010, 123 million people, or 64.6 percent of the Brazilian population, are said to be self-declared Catholics. See: IBGE Instituto Brasileiro de Geografia e Estatística, 2010. ftp.ibge.gov.br/Censos/

Difusão Espírita, 2009), p. 30.
6. Xavier, *Nosso Lar*, p. 59.
7. Ibid. p. 60.
8. Cunha escreve o seguinte sobre seus encontros com Xavier e a avaliação do médium sobre os desenhos: "Este médium gentil de Uberaba se interessou por eles [Cunha se refere ao interesse de Xavier em seus desenhos – JS] e me pediu para levar os desenhos até ele. Eu fiquei muito surpresa ao ouvir que se tratava da cCidade Astral' astral' [Nosso Lar é geralmente chamado também de Cidade Astral – JS], que meus desenhos correspondiam de maneira acurada à sua forma. Encorajada por sua afeição e compreensão, eu tentei registrar outros detalhes da cidade, que são mostrados neste livro. [...] Xavier [...] generosamente se encarregou dos detalhes complementares e de levá-los ao Instituto de Disseminação Espírita que, por sua vez, publicou os trabalhos." Fonte: Heigorina Cunha, *Cidade no Além* (Araras: Instituto de Difusão Espírita, 1994), p. 9.
9. Em 2002, a *Brazzil Magazine* publicou as seguintes estatísticas: "Segundo o Censo do IBGE (Instituto Brasileiro de Geografia e Estatística), há 2.34 milhões de espíritas no Brasil. Embora o número seja impressionante, ele representa menos de 1.5% da população brasileira (175 milhões). Alguns especialistas acreditam que pelo menos 10% da população se dedique a práticas do espiritismo, mesmo que alguns deles sejam católicos ou pertençam a alguma denominação protestante. Mais do que isso, uma pesquisa realizada pelo Instituto Vox Populi mostrou que 59% dos brasileiros acreditam em pelo menos duas postulações espíritas que não são aceitas nem pelo catolicismo nem pelo protestantismo: comunicação com os mortos e reencarnação." Ver: www.brazzil.com/p06aug02.htm.
10. Guimarães, *Um Homem Chamado Amor*, p. 87.
11. Em 2010, 123 milhões de pessoas, ou 64.4% da população brasileira,

Censo_Demografico_2010/Caracteristicas_Gerais_Religiao_Deficiencia/tab1_4.pdf.
12. Robert M. Levine, *The History of Brazil* (New York: Palgrave Macmillan, 1999), p. 104.
13. Ibid., p. 105.
14. Ibid.
15. Except for their permanent evocation, neither Jesus nor God seem not to have any active role in Nosso Lar; Jesus is sometimes seen wandering through the spirit colony, but there is no mentioning of any performed gestures different than those of the other discarnate spirits.
16. Guimarães, *A Man Called Love*, p. 88.
17. A detailed account of the rather systematic opposition to Spiritism from both scientific and religious fields may be found in A. Moreira-Almeida et al., *'Spiritist Madness' in Brazil*, 2005.
18. Peter Robb, *Een dood in Brazilië* (Utrecht: Spectrum, 2005), pp. 313-14.
19. Xavier, *Nosso Lar*, p. 61: "Only a short time ago we celebrated the one hundred fourteenth anniversary of this magnanimous administration."
20. Ibid., p. 296.
21. Robert M. Levine, *The History of Brazil*, p. 106.
22. This comes close to what Alexander Kiossev describes as self-colonization: "The concept of self-colonizing can be used for cultures having succumbed to the cultural power of Europe and the west without having been invaded and turned into colonies in actual fact. Historical circumstances transformed them into an extra-colonial 'periphery', lateral viewers who have not been directly affected either by important colonial conflicts or by the techniques of colonial rule. The same circumstances however put them in a situation where they had to recognize self-evidently foreign cultural supremacy and voluntarily absorb the basic values and categories of colonial Europe. The result might be named 'hegemony without domination'." From: Alexander Kiossev, *The Self-Colonizing Metaphor*, 2011. Atlas of Transformation, monumenttotransformation.org/

---

afirmou ser católica. Fonte: IBGE Instituto Brasileiro de Geografia e Estatística, 2010. Ver: ftp.ibge.gov.br/Censos/Censo_Demografico_2010/Caracteristicas_Gerais_Religiao_Deficiencia/tab1_4.pdf.
12. Robert M. Levine, *The History of Brazil*, (*A História do Brasil*) (New York: Palgrave Macmillan, 1999), p. 104.
13. Ibid., p. 105.
14. Ibid.
15. Exceto por sua permanente evocação, nem Deus nem Jesus parecem ter um papel ativo em Nosso Lar; Jesus é visto às vezes caminhando pela colônia de regeneração, mas não há menção de outras atividades diferentes das que são desempenhadas pelos outros espíritos desencarnados.
16. Guimarães, *Um Homem Chamado Amor*, p. 88.
17. Um relato detalhado da oposição sistemática ao espiritismo, tanto por parte de cientistas quanto de outras religiões podem ser encontradas em A. Moreira-Almeida et al., *'Spiritist Madness' in Brazil*, 2005 (*'Loucura Espírita' no Brasil*, em tradução livre).
18. Peter Robb, *Een dood in Brazilië* (Uma morte no Brasil) (Utrecht: Spectrum, 2005), pp. 313-14.
19. Xavier, *Nosso Lar*: "Faz pouco tempo que celebramos nosso 114º aniversário desta administração magnânima." p. 61.
20. Ibid., p. 296.
21. Robert M. Levine, *A História do Brasil* (em tradução livre), p. 106.
22. Isto se aproxima do que Alexander Kiossev descreve como autocolonização: "O conceito de autocolonização pode ser usado para culturas que sucumbiram ao poder cultural da Europa sem terem sido invadidas e transformadas em uma colônia de fato. Circunstâncias históricas as transformaram em uma periferia extracolonial, atores secundários que não foram diretamente afetados por conflitos colonias importantes ou por técnicas de julgo colonial. As mesmas circunstâncias, entretanto, as coloca em uma situação

atlas-of-transformation/html/s/self-colonization/the-self-colonizing-metaphor-alexander-kiossev.html
23. Xavier, *Nosso Lar*, p. 279.
24. Heigorina Cunha, *Cidade no Além* (Araras: Instituto de Difusão Espírita, 1994) p. 11 (translation).
25. Ibid., p. 12 (translation).
26. Xavier, *Nosso Lar*, p. 18.
27. Cunha, *Cidade no Além*, p. 3 (translation): "Other spiritual colony-cities, however, exist, by the hundreds."
28. It is not by chance that forgiven discarnate spirits from the Umbral first arrive at the "Regeneration Chambers," the closed underground segment of the first Ministry of Regeneration, which is basically nothing less than a *mental hospital*.
29. Xavier, *Nosso Lar*, p. 203. It should be mentioned that the issue of abortion is still of great political sensitivity in Brazil today, as can be concluded from this newspaper citation reporting on recent parliamentary elections: "Presidential candidate Marina Silva [PV – Partido Verde, Green Party] yesterday accused her opponent Dilma Rousseff [PT – Partido dos Trabalhadores, Workers' Party] of changing her position on the legalization of abortion in order to gain votes. She questioned the sincerity of the workers' party candidate, who earlier in Brasília said she is against abortion and claimed there were election-eve religious rumors against her." From: Lidia Alves, 'Marina accuses Dilma of changing her position on abortion to gain votes', *O Povo,* September 30, 2010.
30. Xavier, *Nosso Lar,* p. 133.
31. Guimarães, *A Man Called Love*, p. 97.
32. Xavier, *Nosso Lar*, p. 144.
33. Cunha, *Cidade no Além*: "The buildings, in general, represent common patrimony under government control." p. 17 (translation).
34. Xavier, *Nosso Lar*, p. 141.
35. Ibid., p. 143
36. Ibid., p. 145.
37. Ibid., p. 142.
38. Ibid., p. 64.
39. Ibid.
40. Ibid., p. 65.
41. Ibid., p. 66.

em que são obrigados a reconhecer a supremacia cultural estrangeira e de maneira voluntária absorver os valores básicos da Europa colonial. O resultado pode ser chamado de 'hegemonia sem dominação'." Alexander Kiossev, *The Self-Colonizing Metaphor,* 2011. Fonte: *Atlas of Transformation* (*Atlas das Transformações*, em tradução livre), monumenttotransformation.org/atlas-of-transformation/html/s/self-colonization/the-self-colonizing-metaphor-alexander-kiossev.html
23. Xavier, *Nosso Lar*, p. 279.
24. Heigorina Cunha, *Cidade no Além* (Araras: Instituto de Difusão Espírita, 1994), p. 11.
25. Ibid., p. 12.
26. Xavier, *Nosso Lar*, p. 18.
27. Cunha, *Cidade no Além*: "Outras colônias espirituais, entretanto, existem, às centenas", p. 3.
28. Não é por acaso que os espíritos arrependidos desencarnados do Umbral cheguem primeiro às "Câmeras de Regeneração", o mais fechado porão do primeiro Ministério da Regeneração, que é basicamente um hospital mental.
29. Xavier, *Nosso Lar*, p. 203. Deve ser mencionado que a questão do aborto ainda é extremamente sensível no Brasil de hoje, como pode ser concluído a partir desta citação de jornal que tratava das eleições presidenciais: "A candidata à presidência, Marina Silva [PV – Partido Verde] acusou ontem sua oponente Dilma Rousseff [PT – Partido dos Trabalhadores] de mudar sua posição sobre a legalização do aborto para ganhar votos. Ela questionou a sinceridade da candidata do PT, que antes em Brasília disse ser contra o aborto, e alegou que havia rumores de cunho religioso contra ela". Fonte: Lidia Alves, 'Marina acusa Dilma de mudar sua posição sobre o aborto para ganhar votos', *O Povo*, 30 de setembro de 2010.
30. Xavier, *Nosso Lar*, p. 133.
31. Guimarães, *Um Homem Chamado Amor*, p. 97.
32. Xavier, *Nosso Lar*, p. 144.
33. Cunha, Cidade no Além: "Os edifícios

42. Xavier, *Nosso Lar,* p. 67.
43. Ibid., p. 79.
44. Cunha, *Cidade no Além,* p. 22 (translation).
45. Ibid.

são geralmente patrimônio comum
sob o controle do governo."
34. Xavier, *Nosso Lar*, p. 141.
35. Ibid., p. 143.
36. Ibid., p. 145.
37. Ibid., p. 142.
38. Ibid., p. 64.
39. Ibid.
40. Ibid., p. 65.
41. Ibid., p. 66.
42. Cunha, *Cidade no Além*, p. 12.
43. Xavier, *Nosso Lar*, p. 79
44. Cunha, *Cidade no Além*, p. 12.
45. Ibid.

City plan Brasília
Planta de Brasília
500m

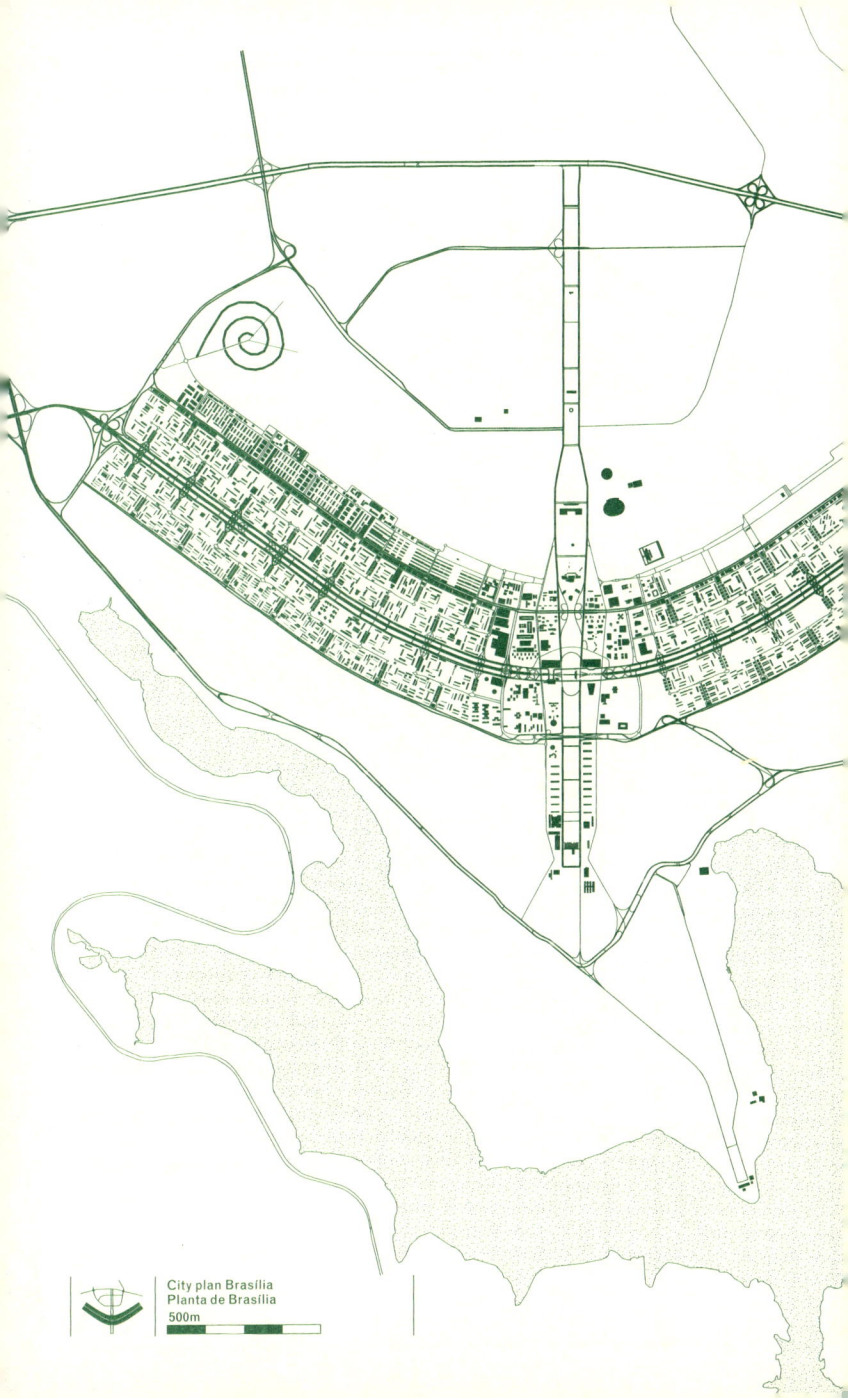

THE MODERNIST CITY: BRASÍLIA

A CIDADE MODERNISTA: BRASÍLIA

The second city plan I would like to consider dates back to 1956, and consists of fifteen freehand drawings by architect Lúcio Costa (1902–1998) depicting a crucifix with a curved crossbar, resulting in a shape that is close to that of an airplane. These drawings were to be transformed into the city of Brasília, the new national capital of Brazil. This is what would become the *Modernist city plan*.

Costa's drawings were realized in response to a national competition for the design of the new capital, organized by the federal government under the center-left liberal president Juscelino Kubitschek (1902–1976) of the Partido Social Democrático (PSD). Until that day, the capital had been Rio de Janeiro. For many Brazilians, the location of Rio de Janeiro still symbolized the history of their country's colonization, its immediate occupation after the arrival of the Portuguese in 1500, and the subsequent disinterest of the colonizers to go any further inland, where the climate is drier and the soil harder to fertilize.

O segundo projeto de cidade que eu gostaria de considerar remonta a 1956 e parte de 15 desenhos, feitos a mão pelo arquiteto Lúcio Costa (1902–1998), que ilustram um crucifixo com uma barra arqueada, resultando em um formato que lembra um avião. Esses esboços foram transformados na cidade de Brasília, a capital do Brasil. Este viria a ser o projeto da cidade modernista.

Os desenhos de Costa foram criados em resposta a um concurso nacional para escolher o projeto da nova capital, organizado pelo governo federal, sob o comando centro-esquerda liberal do presidente Juscelino Kubitschek (1902–1976) do Partido Social Democrático (PSD). Até então, a capital tinha sido o Rio de Janeiro. Para muitos brasileiros, a escolha do Rio de Janeiro ainda simbolizava um resquício da história da colonização do país, sua ocupação imediata após a chegada dos portuguêses em 1500, e o desinteresse posterior dos colonizadores para adentrar o interior, onde o clima é mais seco e o solo, mais difícil de fertilizar.

Ever since Brazil's "discovery" by the West and the subsequent eradication of its own unwritten histories through enslavement, murder, and disease brought by the colonizers, it had never been organized according to *its own center*. Brazil had never been thought from the autonomy of its own territory, but had always been perceived as a resource for others, as the shores of the Western world. The Portuguese held on to its coasts for the facile plunder of its lands. In the words of politician Israel Pinheiro, a friend of Kubitschek: "Independence liberated the colony from the exploitation of the metropolis, moving the government would liberate the interior from the slavery of the coast."[1]

Throughout Brazil's long struggle toward independence, the vision of a new capital as a new point of organization from the inlands of the country had been a continuous theme. The urgency of independence became embodied in the figure of Joaquim José da Silva Xavier, better known as Tiradentes (1746–1792), a prominent persona in Brazil's revolutionary movement who demanded full

Desde a "descoberta" do Brasil pelos europeus e a erradicação posterior das histórias dos nativos de tradição oral, eliminadas com a escravidão, assassinato e doenças trazidas pelos colonizadores, o país nunca tinha se organizado em relação ao seu próprio centro. O Brasil nunca havia sido percebido como um território autônomo, mas sempre como recurso para outros, a grande costa do mundo ocidental. O português se fixou na costa do país e se aproveitou de suas terras faceis de saquear. Nas palavras do político Israel Pinheiro, um amigo de Kubitschek: "A independência libertou a colônia da exploração da metrópole, a mudança da sede do governo libertaria o interior do país da escravidão do litoral."[1]

Durante a longa luta do Brasil pela independência, a visão de uma nova capital como um novo ponto de organização a partir do centro do país era um tema recorrente entre os brasileiros. A urgência da independência foi incorporada na figura de Joaquim José da Silva Xavier, mais conhecido como Tiradentes (1746–1792), um personagem de destaque

independence from Portuguese colonial power. Coming from the goldrich area of Minas Gerais, which formed the border of the Portuguese colony at the time, he belonged to the colonists who grew angry at the heavy taxes imposed by the Portuguese crown, and became a central force in the separatist movement that became known as the *Inconfidência*, or the "Conspiracy." His plans for a new Republic of Brazil were discovered, and he was publicly hanged: "His body was quartered into several pieces. With his blood, a document was written declaring his memory infamous. His head was publicly displayed in Vila Rica and pieces of his body were exhibited in the

"Martyrdom of Tiradentes", 1893.
Aurélio de Figueiredo e Melo
(1854–1916).

"Martírio de Tiradentes", 1893.
Aurélio de Figueiredo e Melo
(1854–1916).

no movimento revolucionário do Brasil, que exigiu independência total do poder colonial português. Vindo da área rica em ouro de Minas Gerais, que demarcava a fronteira da colônia portuguesa na época, ele se alinhava aos colonos que cresceram com raiva dos pesados impostos cobrados pela coroa portuguesa e acabou por se tornar uma força central no movimento separatista brasileiro, conhecido como Inconfidência Mineira ou "Conspiração". Seus planos para transformar o Brasil em uma República foram descobertos e ele foi enforcado publicamente: "Seu corpo foi esquartejado em vários pedaços. Com seu sangue, um documento foi escrito, declarando sua memória infame. Sua cabeça foi exposta publicamente em Vila Rica e pedaços de seu corpo foram expostos nas cidades entre Vila Rica e Rio de Janeiro com o objetivo de aterrorizar a população e aqueles que simpatizavam com as idéias de independência de Tiradentes."[2] Seu corpo fucionou então como um instrumento de propaganda de abrangência nacional. Kubitschek, o presidente, que estava na base da criação de Brasília como a nova capital, era da mesma região de Tiradentes e oportunamente

cities between Vila Rica and Rio to terrorize the populace and those who had sympathized with Tiradentes' ideas of independence."[2] His body thus functioned as an instrument of country-wide propaganda. Kubitschek, the president who stood at the basis of the creation of Brasília as the new capital, was originally from Tiradentes' region and he would fittingly be the one to fulfill Tiradentes' revolt of colonizers within the colony.

In the wake of Tiradentes' martyrdom the wish for independence grew, and so did the myths and symbols necessary to create the sense of *inevitability* that is the essence of many large-scale political changes. The name Brasília had already been suggested during the time of Tiradentes by the

State portrait of Juscelino Kubitschek de Oliveira (1956), 21st president of Brazil.

Retrato oficial de Juscelino Kubitschek de Oliveira (1956), 21° presidente do Brasil.

acabou por se tornar responsável por concluir sua revolta contra os colonizadores.

Na esteira do martírio de Tiradentes o desejo de independência cresceu. O mesmo aconteceu com os mitos e símbolos necessários para criar a sensação de inevitabilidade, que é a essência de muitas transformações políticas de grande escala. O nome Brasília já havia sido sugerido durante a época de Tiradentes pelo conselheiro do imperador, o estadista brasileiro José Bonifácio de Andrada e Silva (1763–1838), no início do século 18. Mas foi o padre católico italiano João Melchior Bosco (1815–1888) – mais conhecido como Dom Bosco–, que em 30 de agosto de 1883, descreveu a ideia de independêcia que já vinha sendo especulada há um século, como uma visão. Em seu sonho sagrado, um guia celestial o levou para o interior do Brasil, no deserto do Planalto Central: "Eu vi as entranhas das montanhas e as profundezas da planície. Eu tinha diante dos meus olhos a riqueza incomparável [...] que um dia iria ser descoberta. [...] Então, uma voz disse repetidamente: quando as pessoas

emperor's advisor, namely the Brazilian statesman José Bonifácio de Andrada e Silva (1763–1838) at the beginning of the 18th century. But it was the Italian Catholic priest João Melchior Bosco (1815–1888) – better known as Dom Bosco – who on August 30, 1883, described the century--long speculation of a new capital as a *vision*. In his holy dream a celestial guide took him to the inlands of Brazil, the desert of the Central Plateau: "I saw the bowels of the mountains and the depths of the plains. I had before my eyes the incomparable richness [...] which would one day be discovered. [...] Then a voice said repeatedly: when people come to excavate the mines hidden in the middle of these mountains, there will appear in this place the Promised Land, flowing with milk and honey. It will be of inconceivable richness."[3] The legal birth of the capital of the country followed quickly after Dom Bosco's visionary one. In 1891 the idea was given a legal form in the first Republican Constitution of Brazil, whose third article reserved an area of fourteen thousand square kilometers for the construction of the country's future federal capital. Dom Bosco had flown, as the Modernist architects like

vierem escavar essas minas ocultas no meio destas montanhas, aparecerá neste lugar a Terra Prometida, que emana leite e mel. Sua riqueza será inconcebível."[3] O nascimento legal da capital do país se seguiu rapidamente após o sonho visionário de Dom Bosco. Em 1891, a ideia ganhou forma legal na primeira Constituição do Brasil, cujo terceiro artigo reservava uma área de 14 mil quilômetros quadrados para a construção da futura capital brasileira. Dom Bosco sobrevoou, assim como o fariam arquitetos modernistas como Le Corbusier, o território de avião, um trabalhando na planta que o outro havia revelado.

Quando Kubitschek se tornou presidente em 1956, após o fim da primeira ditadura militar governada por Vargas, ele fez a promessa, há muito aguardada, de que construiria a nova capital do país, como a prioridade de seu mandato de cinco anos. Embora juridicamente Brasília fosse um fato, nenhum político antes dele se atreveu a identificar-se com o projeto. Até agora, o interior do Brasil era um território para pioneiros, e qualquer político estava ciente de que um mandato de

Italian Catholic priest João Melchior Bosco (1887).

Padre católico italiano João Melchior Bosco (1887).

Le Corbusier would later fly over the country by airplane; one working on the blueprint that the other had laid out for him.

When Kubitschek became president in 1956 after the end of the first military dictatorship under Vargas, he made the long awaited promise to build the new capital as the priority of his five-year term. Although the legal fact of Brasília had already been guaranteed, no politician before him had dared to identify himself with the project. So far, the inlands of Brazil were a territory for pioneers, and all politicians were aware of the fact that a five-year term could easily prove too short for the creation of a new capital.[4] It meant building an entirely new city in an area with hardly any pre-existing infrastructure; it meant populating a scarcely populated

cinco anos poderia facilmente revelar-se demasiado curto para a criação de uma nova capital.[4] Pois o projeto significava construir uma nova cidade inteira em uma área sem praticamente nenhuma infraestrutura pré-existente. Também significava que seria preciso preencher aquela área pouco povoada na medida apropriada para uma capital central e por fim significava deslocar a totalidade do governo e de todos seus serviços para o centro do país. Até então, Brasília só tinha delimitado seu território em uma cerimônia que colocou sua pedra fundamental no local onde seria construída, em 1922.[5] Kubitschek tinha cinco anos para realizar o projeto, depois de ter vencido as eleições com seu slogan "Cinquenta anos em cinco". Ele entregou a tarefa de criar Brasília ao arquiteto modernista e comunista, conhecido por suas curvas, Oscar Niemeyer (1907–2012), que tinha construído com muito sucesso a área residencial da Pampulha na cidade de Belo Horizonte, da qual Kubitschek tinha anteriormente sido prefeito.

area to the extent that it would be appropriate as a central capital; and it meant moving the entirety of the government and all of its departments to the inlands. So far, Brasília only claimed its territory by means of a ceremonial stone that had been placed there in 1922.[5] Kubitschek had five years to realize the project, with "Fifty Years of Progress in Five Years of Government" being the slogan of his candidature. He entrusted this task with the Modernist, Communist leaning architect Oscar Niemeyer (1907–2012), who had successfully built the residential area of Pampulha in Belo Horizonte, of which Kubitschek had previously been the mayor.

Niemeyer's public sympathies for the communist doctrine as well as his fluid, "dissident," and sculptural interpretation of Modernist architecture turned him into the rebel figure necessary to recall the martyr Tiradentes, who, embodied by Niemeyer, would thus finally have his dream of an independent Brazil fulfilled with its independent capital. Niemeyer is not Tiradentes, but considering the centuries of discourse that created the historic

A simpatia pública de Niemeyer pela doutrina comunista, assim como sua interpretação fluida, "dissidente" e escultural da arquitetura modernista transformou-o na figura rebelde necessária para recordar os feitos do mártir Tiradentes, que, incorporado por Niemeyer, veria, assim, finalmente, seu sonho de um Brasil independente ser realizado em sua nova capital. Niemeyer não é Tiradentes, mas considerando os séculos de discurso que criaram a inevitabilidade histórica da nova cidade de Brasília não seria exagero falar de reencarnação. Não literalmente de uma pessoa para outra, mas, no sentido de um "espírito", ou seja, da idéia histórica de um Brasil independente, que continuou a implementar-se de uma figura para outra. Era o sonho histórico de exploração plena das riquezas em todo o país, não mais apenas reduzido à sua costa, como haviam feito os portugueses. Tiradentes tentou colonizar o interior do país, Niemeyer procurou colonizar a própria arquitetura modernista ocidental, a fim de definir o novo estado líder do Brasil através de sua capital.

inevitability of the new city of Brasília it might not be too far-fetched to speak of a *reincarnation.* Not literally of one person into another, but literally in the sense of a "spirit," namely the historical idea of an independent Brazil that continued to implement itself from one figure into another. This was the historical dream of *full exploitation* of the country's richness, rather than remaining in the margins of the country, as the Portuguese had done. Tiradentes sought to colonize the inlands, Niemeyer sought to colonize Western modernist architecture itself in order to define the new leading state of Brazil through its capital.

Architect Oscar Niemeyer.

Arquiteto Oscar Niemeyer.

Niemeyer wrote: "[Juscelino Kubitschek's] vision – and mine, too – was not one of a backward provincial city, but of a modern and up-to-date city, one that would represent the importance of our country."[6] It was this unique bond of

Niemeyer escreveu: "Sua visão [de Juscelino Kubitschek] – e minha também –, não era a de uma cidade provinciana, atrasada, mas de uma cidade moderna e atual, que representaria a importância do nosso país."[6] Foi este raro elo entre Kubitschek e Niemeyer que resultaria em um dos momentos ainda mais raros da história, quando um político e um arquiteto, através de uma nova capital, decidem o desenho de uma nova nação. Publicamente, afirmavam que eram meros instrumentos do espírito brasileiro, a encarnação de almas rebeldes que finalmente ocupariam um lugar de direito. Não motivações pessoais, mas uma inevitabilidade histórica criaria a nova capital brasileira, ou isso era o que a população do país acreditava.

Kubitschek considerava a nova capital tanto como um instrumento fundamental para a criação de uma identidade brasileira autônoma e para a formação de sua presidência, quanto para aquecer a economia. Localizada no centro do país, ela exigiria infraestrutura completamente nova, ligando áreas antes isoladas, além de implementar um novo

trust between Kubitschek and Niemeyer that would result in an even more unique moment in history, when a politician and an architect, by means of a new capital, would decide upon the design of a whole nation. They publicly stated that they were the mere instruments of the Brazilian spirit, the incarnation of rebellious souls finally occupying what was rightfully theirs. Not personal motivations, but an inevitable history would provide Brazil with its new capital – or so the population was to believe.

Kubitschek regarded the new capital both as an instrument for creating an autonomous Brazilian identity, as well as for shaping his own presidency and fuel the country's economy. The new, centrally located capital would demand a completely new infrastructure, connecting areas of the country that had never been connected before, and implement new access to the country's resources and thereby the creation of new industries and economies. His vision of a nation rising to its historical promise merged fluently with his goal to make his country into an economic superpower. In his own words, Brasília

acesso aos recursos do país e, assim, à criação de novas indústrias e economias. Sua visão de uma nação alcançando sua promessa histórica se fundiu de forma fluída com o sonho de transformar o país em uma superpotência econômica. Em suas próprias palavras, Brasília simbolizou "uma transformação necessária e urgente [...] na forma como os brasileiros pensam e sentem, acordando-os e tornando-os mais atraídos para a iniciativa privada, incutindo-lhes um maior desejo de melhorar os índices de nossa produtividade".[7] Kubitschek mirava a Idade de Ouro do Brasil, assumindo assim o papel dos colonizadores anteriores. Sua missão era recolonizar seu próprio país, e Brasília seria o seu posto de comando principal. Mas desta vez, o projeto seria gerido por uma nova elite de brasileiros mestiços, renascendo das cinzas da antiga colônia, a fim de criar um novo país. A colonização final seria realizada pelo fim do processo de independência.

Foi por esta razão que os colonos enviados pelo governo Kubitschek foram nomeados bandeirantes: "Durante o

symbolized "a necessary and urgent transformation [...] in the way Brazilians think and feel, waking them up, making them more attracted to private enterprise, instilling in them a greater desire to improve the indices of our productivity."[7] Kubitschek aimed for a Brazilian Golden Age, thus taking over the role of the previous colonizers. His mission was to *recolonize his own country*, and Brasília would be his main *settlement.* But this time it would be managed by a new elite of mixed-blood Brazilians, rising from the ashes of the old colony in order to create a new one. The process of independence came to an end through the final colony.

It was for this reason that the group of settlers sent by the Kubitschek government were named bandeirantes: "During Brazil's colonial period, bandeirantes were groups of armed adventurers who penetrated to the heartlands of South America, seeking gold, diamonds, Indian slaves, African runaways, and the land of eternal youth."[8] But the analogies with the early colonizers were pushed much further, when Kubitschek decided to

período colonial do Brasil, bandeirantes eram grupos de aventureiros armados que penetraram até o coração das terras da América do Sul, em busca de ouro, diamantes, escravos índios, fugitivos africanos e da terra da eterna juventude."[8] Mas as analogias com os primeiros colonizadores foram estendidas ainda mais, quando Kubitschek decidiu comemorar a fundação de Brasília com a primeira missa em 03 de maio de 1957: "Ao fazê-lo, ele ritualmente reencenou a fundação do Brasil como tinha acontecido em 3 de maio de 1500 na primeira missa de Pedro Álvares Cabral no Novo Mundo."[9]

Como é o caso na maioria das missões pioneiras, os membros da nova empreitada foram recrutados pelo governo, com a promessa de altos salários neste novo Eldorado. Os bandeirantes foram divididos em dois segmentos, os pioneiros, de um lado, e os candangos, de outro. Os candangos eram funcionários públicos, profissionais liberais, comerciantes, cultivadores – foram socialmente criados para se tornarem novos heróis nacionais:

celebrate the foundation of Brasília with a First Mass on 3 May 1957: "In so doing, he ritually re-enacted the founding of Brazil as marked on 3 May 1500 by Pedro Álvares Cabral's First Mass in the New World."[9]

As is the case with most pioneering missions, the members were recruited by the government, with the promise of high wages in this new *El Dorado*. The bandeirantes were divided in two segments, the *pioneiros* (pioneers) on the one hand and the *candangos* (low-class vagabond) on the other. The candangos were the state officials, professionals, merchants, cultivators – they were socially engineered to become new national heroes:

Bernardo Sayão, the charismatic Novacap director charged with roadway construction, became the first martyr to the cause when a falling tree crushed his tent deep in the Amazon forest along the Belém-Brasília highway [...] in January 1959. At the funeral, Kubitschek said that Sayão had fallen, in the battle for the new Brazil [...]. [H]is name is part of legend; he is one of [our] national heroes [...]. He was the commander of

Bernardo Sayão, o carismático diretor da Novacap, encarregado da construção das estradas, tornou-se o primeiro mártir desta causa, quando uma árvore tombou e o esmagou em sua tenda no meio da floresta amazônica, ao longo da rodovia Belém-Brasília [...] em janeiro de 1959. No funeral, Kubitschek disse que Sayão tinha caído na batalha para a construção de um novo Brasil [...]. [Seu nome faz parte da lenda, ele é um dos [nossos] heróis nacionais [...]. Ele era o comandante da batalha que irá extrair a Amazônia a partir de sua prisão, o que irá trazer essa grande região, obscura e importante da nossa Pátria, da pré-história. Sua morte representou a vingança da natureza contra este bandeirante moderno, este explorador incomparável.[10]

Esta minoria dos bandeirantes heróicos encarna o alvo para o qual a cidade havia sido construída: funcionários da burocracia federal.

Mas a maioria dos bandeirantes eram candangos, um termo depreciativo: "Quer dizer um homem sem qualidades, sem cultura, um vagabundo, de classe baixa, sem pretensões

the battle that will extract the Amazon from its prison, which will bring that large, obscure and important region of our Fatherland out of pre-history. His death represented the vengeance of nature against this modern bandeirante, this incomparable explorer.[10]

This minority of heroic bandeirantes embodied the target for which the city had been built: civil servants of the federal bureaucracy.

But the candangos were the majority of bandeirantes, candangos being a derogatory term: "It signified a man without qualities, without culture, a vagabond low-class lowbrow,"[11] or a "socially declassed individual."[12] This was the majority that was expected to build a city that would never be theirs, as it was only the entrepreneurs of the early stages of the temporary settlements who had a designated place in the living blocks that would make up the city. The workers were expected to leave after the job was done. They built a model for a Brazil that they could never be part of. In this bizarre project of recolonization, intelectuais."[11] Ou: um "indivíduo socialmente desclassicado".[12] Esperava-se que esta maioria construísse uma cidade que nunca seria dela, como se fosse só dos empreendedores das fases iniciais dos assentamentos temporários, com local designado nos blocos vivos que compõem a cidade. Esperava-se que os trabalhadores fossem embora depois de terem feito seu trabalho. Eles construíram um modelo para um Brasil do qual nunca poderiam fazer parte. Neste projeto bizarro de recolonização, seu papel na reconstrução da história proposta por Kubitschek era o dos escravos, mais uma vez. E foi nesse papel que os construtores de Brasília se tornaram os primeiros moradores das chamadas "cidades satélites", que tinham se desenvolvido a partir dos assentamentos temporários e seriam destruídas depois que a obra de Brasília estivesse concluída. Mas o fato de que os candagos tinham aprendido com os melhores tornou-se evidente quando, por sua vez, eles embutiram seus próprios assentamentos na grande narrativa de Kubitschek. Eles deram o nome da primeira área invadida da cidade de Vila Sara Kubitschek, mulher de Juscelino, e protestaram com

The Monument to the Bandeiras (1953), a stone sculpture group by Victor Brecheret, São Paulo.

Monumento às Bandeiras (1953), conjunto escultural de Victor Brecheret localizado em São Paulo.

their role within Kubitschek's re-enactment of history was to *play the slaves*, once more. And it was in this role that the builders of Brasília became the first residents of the so-called "satellite cities" that had developed from the intended temporary settlements, which the government actually intended to destroy immediately after Brasília was completed. But the fact that the candagos had learned from the best became apparent when, in their turn, they imbedded their own settlements into Kubitschek's grand narrative. They named the first "squatted" city after Kubitschek's wife, Vila Sara Kubitschek, and protested with banners stating "Hail Vila Sara Kubitschek" and "The residents of Vila Sara thank you." Now, who could possibly remove these cartazes dizendo: "Salve, Vila Sara Kubitschek" e "Os moradores da Vila Sara agradecem a você ". Agora, quem poderia remover esses bandeirantes nacionalistas, que angariaram muitos seguidores nos anos seguintes?[13] O governo, forçado a reconhecer a Vila Sara Kubitschek, inaugurou a primeira cidade-satélite, quase dois anos antes da fundação de Brasília e outras três no final de 1961.[14]

Nas palavras do poeta Manoel Caetano Bandeira de Mello: "Brasília representa a satisfação de uma característica histórica [...] da nossa civilização e nosso destino como povo imperialista, cujo imperialismo significa apenas [...] conquistar as extensões opulentas de nosso próprio território para seu próprio benefício e bem-estar."[15] Mas, a fim de tornar a colônia de Brasília possível como uma ferramenta para a recuperação do Brasil como um todo, Kubitschek precisava de mais do que um urbanista. Ele precisava de uma visão.

nationalist bandeirantes, in whose steps many soon would follow?[13] The government, forced to acknowledge the Vila Sara Kubitschek, inaugurated this first satellite city almost two years before Brasília itself, and founded three others by the end of 1961.[14]

In the words of poet Manoel Caetano Bandeira de Mello: "[Brasília] represents the satisfaction of a historical characteristic [...] of our civilization and our destiny as an imperialist people, whose imperialism means only [...] to conquer the opulent expanses of territory that it possesses itself, for its own benefit and well-being."[15] But in order to make the colony of Brasília possible as a tool for the reclamation of Brazil as a whole, Kubitschek needed more than a city planner. He needed a vision.[16]

Kubitschek was convinced that the already globally acknowledged Niemeyer could provide him with such a vision. But Niemeyer was only willing to design the capital's main buildings, but not its "Plano Piloto," the master plan. Kubitschek therefore proposed an open

Kubitschek estava convencido de que o já mundialmente reconhecido Niemeyer poderia fornecer-lhe esta visão. Mas Niemeyer só estava disposto a projetar os edifícios principais da capital, mas não seu "Plano Piloto", o plano mestre da cidade. Foi quando Kubitschek propôs um concurso,[16] que foi anunciado publicamente como uma chamada para "expressar a grandeza de um desejo nacional".[17] Foi para este concurso que os 15 desenhos de Lúcio Costa, da "cruz que se torna um avião" surgiram como como resposta. Esboços à mão livre, nada mais, acompanhados por uma breve exposição de 23 artigos: "Sua apresentação não contou com uma linha de desenho mecânico, nenhum modelo, avaliações de uso da terra, gráficos populacionais, quer para o desenvolvimento econômico ou para a organização administrativa."[18]

Costa, que era ex-professor de Niemeyer, abriu seu discurso com as palavras: "José Bonifácio, em 1823, propôs a transferência da capital para Goiás, e sugeriu o nome Brasília"[19] – enraizando aqui firmemente sua proposta na grande narrativa histórica que estava sendo desenhada

competition,17 which was publicly announced as a call to "express the greatness of a national wish"18 to which the fifteen drawings by Lúcio Costa (1902–1998) of "the cross that becomes an airplane" came as a response. Freehand sketches, nothing more, accompanied by a brief statement of twenty three articles: "His presentation featured not a line of mechanical drawing, no model, land-use studies, population charts or schemes for either economic development or administrative organization."[19]

Costa, who was Niemeyer's former teacher, opened his statement with the words: "José Bonifácio, in 1823, proposed the transfer of the capital to Goiás and suggested the name Brasília,"[20] – thereby firmly rooting his proposal in the grand historical narrative Kubitschek was aiming at – and continued by stating: "It was not my intention to enter the competition, nor indeed am I really doing so. I am merely liberating my mind from a possible solution which sprang to it as a complete picture, but one that I had not sought."[21]

---

por Kubitschek – e continuou, afirmando: "Não era a minha intenção participar da competição, nem mesmo estou fazendo isso realmente. Estou apenas libertando minha mente de uma solução possível, que nasceu para ela como um quadro completo, mas que eu não tinha buscado."[20]

Para Kubitschek, estas palavras inaugurais de Costa, o tornaram o Dom Bosco do século 20. Kubitschek não precisava apenas de uma proposta detalhada da cidade que iria abrigar cerca de 750 mil pessoas, o governo nacional e uma infraestrutura que conectasse o país inteiro para seu novo centro. O que Kubitschek precisava mais do que tudo era da ideia de Brasília, continuamente transmitida de um visionário para outro. Brasília não poderia se tornar simplesmente o sonho de burocratas modernos. Ela precisava ser uma mediação do espírito do Brasil, que vinha lutando para se manifestar para seu próprio povo havia séculos.

Os esboços de Lúcio Costa propunham uma cruz no meio do deserto, como o ponto inicial de um plano maior, que iria

To Kubitschek, these inaugural words made Costa into the Dom Bosco of the 20th century. Kubitschek did not simply need a detailed proposal for a city that would comprise about 750,000 citizens, the national government, and a surrounding infrastructure connecting the whole country through its new center. What Kubitschek required most of all was the idea of Brasília, continuously transmitted from one *visionary* to another. Brasília could not simply become the dream of Modernists or bureaucrats alone. It needed to be a *mediation* of the spirit of Brazil, which had struggled to manifest itself to its own people for centuries.

Costa's drawings proposed the outline of a cross in the desert as the starting point of the master plan, which would inspire the poet Guilherme de Almeida to the following lines: "Now and here is the Crossroad Time Space, Road which comes from the past and goes to the Future, road from the north, from the south, from the east and from the west, road traversing the centuries, road traversing the world: now and here all cross at the sign of the Holy Cross."[22] By curving the crossbar Costa evoked inspirar o poeta Guilherme de Almeida a declarar a seguinte frase: "Aqui e agora está o cruzamento do Tempo e do Espaço, uma estrada que vem do passado e segue para o futuro, estrada para o Norte, para o Sul, o Leste e o Oeste, uma estrada que atravessa o mundo: agora e aqui todos cruzam o sinal da Cruz Sagrada."[21] Ao curvar a barra horizontal da cruz, Costa evocou a figura exata de um avião, combinando perfeitamente símbolos de significado religioso, modernista e industrial, até mesmo se referindo à macumba, a religião afro-brasileira para a qual a encruzilhada significa um local de ritual e oferenda. O eixo principal que se estendia de leste para o oeste – o Eixo Monumental –, iria abrigar os edifícios do governo e as principais instituições culturais e religiosas do Brasil. O eixo que atravessa de norte a sul – Eixo Residencial – abrigaria seus cidadãos.

Fica claro que os princípios de Brasíia e seu Eixo Residencial em particular, foram construídos sobre o que o arquiteto antimodernista, o professor James Holston chama de "doutrina CIAM",[22] uma compilação dos ideais da cidade modernista

the image of an airplane, perfectly combining symbols of religious, Modernist, and industrial significance – even referring to Macumba, the African-Brazilian religion for which the crossroad signifies the location of rites and offerings. The main axis extending from East to West – the *Monumental Axis* – would house the government and the main cultural and religious institutions of Brazil. The crossing axis from North to South – the *Residential Axis* – would house its citizens.

It is clear that the principles of Brasília, and its residential axis in particular, are built based on what the anti-Modernist architecture professor James Holston calls the "CIAM-doctrine"[23]: the ideals of the Modernist city as set out by the *Congrès International d'Architecture Moderne* (International Congress of Modern Architecture), an organization founded by architect Charles-Édouard Jeanneret, better known as Le Corbusier, who held a dominant position in architectural discourse from its founding in 1928 until its dissolution in 1959. One of the central premises of the CIAM-doctrine is

estabelecidos no Congrès International d'Architetura Moderne (Congresso Internacional de Arquitetura Moderna), uma organização fundada pelo arquiteto Charles-Édouard Jeanneret, mais conhecido como Le Corbusier, que manteve uma posição de domínio no discurso arquitetônico desde do surgimento do evento em 1928 até sua dissolução em 1959. Uma das premissas centrais da doutrina CIAM trata do zoneamento da cidade em diferentes tipos de atividade social, como residência, trabalho, recreação e trânsito. O professor Eric Mumford resume essas primeiras ideias da seguinte maneira: "O CIAM se baseava no conceito de que a moderna cidade industrial deveria ser redesenhada para melhorar as condições de vida da maoiria da população, aumentar a eficiência da economia por meio de melhoria no transporte e proteger o meio ambiente, com lugares de recreação."[23] Para as alas de esquerda de muitos grupos internacionais que integravam o CIAM – predominantemente da Alemanha, Suíça, Holanda e Leste Europeu – era essencial que a organização destas unidades sociais fosse pensada de um ponto de vista anticapitalista e com bases equalitárias,

the "zoning" of the city into different typologies of social activity, such as housing, work, recreation, and traffic. Professor Eric Mumford summarizes its initial ideas as follows: "[CIAM] was based on the concept that modern industrial cities should be designed to improve the living conditions of the majority of the population, to increase economic efficiency through transportation improvements, and to protect the natural environment as a place for mass recreation."[24] From the left-leaning part of the many international groups that were part of CIAM – who were predominantly from Germany, Switzerland, the Netherlands, and Eastern Europe – it is essential that the organization of these social units is thought from an anticapitalist and egalitarian basis, even though this basis did not seem to apply to the workers building Brasília itself, who suffered from accidents, illness, and even massacre when protesting their poor working conditions.[25] The CIAM city can be read as an "ideological blueprint," in which administrative power forms the core of the social texture, translated into an almost military efficiency that breaks with some of the most archetypical

ainda que essas bases não parecessem se estender aos trabalhadores que construíram Brasília e que sofreram com todo tipo de acidentes e doenças, enfrentando verdadeiros massacres, se protestassem contra suas péssimas condições de trabalho.[24] Uma cidade construída com as diretrizes do CIAM pode ser entendida como uma "planta ideológica", sobre a qual o poder administrativo forma o corpo principal da textura social, traduzida em uma eficiênica quase militar, que quebra com algumas das principais características arquetípicas dos modelos de cidade de antes do século (embora deva ser mencionado que Le Corbusier acreditava que os princípios do CIAM eram mais bem construídos através do sindicalismo).[25] Uma dessas características é a idéia da rua se tornar um espaço intermediário negociado por meio de diferentes propriedades privadas: as amplas ruas retas do CIAM que incorporam o poder administrativo absoluto, forçam uma ruptura completa com o modelo de ruas estreitas, tortuosas e curvilíneas que resultam da culminação do conflito das propriedades individuais. Estes princípios – que glorificam a burocracia da administração econômica,

characteristics of pre-19th century city models (although it must be mentioned that Le Corbusier himself was a believer that CIAM principles were best enacted through syndicalism).[26] One of these characteristics is the idea of the street as an in-between space negotiated through different private properties: CIAM's enormous large and straight streets that embody absolute administrative power, force an absolute break with the narrow, spiraling, and curvy streets that resulted from the culmination of conflicting individual properties. These principles – that glorify the bureaucracy of economic administration as rooted in dominant formalist European discourses at the time – would provide the face of yet another colonial enterprise. As CIAM was not able to see much of its principles realized in Europe itself, it had lent its ideas to many emerging countries in Africa, but also India, and in this case Brazil. Through the wish of the new nations to rise as respected, industrial countries, CIAM found an entry to inject its European-bred ideas into their narratives. The other way around, one could argue that Kubitschek was highly aware of incorporating the

enraizada nos discursos europeus formalistas dominantes na época – desenhariam o rosto de uma outra empresa ainda colonial. Como o CIAM não foi capaz de ver muito de seus princípios realizados na própria Europa, acabou emprestando suas ideias para muitos países emergentes da África, para a Índia, e também para o Brasil. Por causa do desejo das novas nações de serem vistas como países respeitados e industrializados, o CIAM encontrou neles uma entrada para implementar idéias, tipicamente europeias, em suas trajetórias. Na direção oposta, pode-se argumentar que Kubitschek estava muito consciente de que incorporarava as forças colonizadoras do CIAM dentro de seu próprio projeto de recolonização do Brasil, fundindo a visão brasileira de independência com uma doutrina de arquitetura futurista que a Europa foi incapaz absorver em grande escala, assim o Brasil firmou-se no centro do progresso global. O que os europeus começaram, os brasileiros iriam terminar de acordo com suas próprias regras e exigências.

colonizing forces of CIAM within his own project of re colonizing Brazil; merging the Brazilian vision of independence with an architectural futuristic doctrine that Europe was incapable of dealing with on a grand scale, thus Brazil claimed itself at the center of global progress. What the Europeans started, the Brazilians would finish according to their own rules and demands.

Brasília's rightfully famous *superquadras* or "super-blocks" – possibly the most radical and important part of the city often unjustly overshadowed by Niemeyer's governmental buildings – are the housing units that cover the entire residential wing. Each super-block is conceived as an autonomous unit, where living space is spread equally and public services are shared. Every super-block includes apartment buildings, nursery schools, elementary schools, newspaper stands, libraries, supermarkets, retail trade, service stations, churches, cinemas, social clubs, and sporting facilities. Commercial and public services are condensed into the so-called *entrequadras* (inter-blocks).[27] Their equal organization is emphasized

As famosas superquadras de Brasília – possivelmente a parte mais radical e importante da cidade, muitas vezes ofuscada injustamente pelos edifícios governamentais de Niemeyer – são as unidades habitacionais que cobrem toda a ala residencial. Cada superbloco é concebido como uma unidade autônoma, onde o espaço comum é distribuído igualmente e os serviços públicos são compartilhados. Cada superbloco oferece edifícios de apartamentos, creches, escolas de ensino fundamental, bancas de jornal, livrarias, supermercados, comércio em geral, postos de gasolina, igrejas, cinemas, clubes sociais e equipamentos desportivos. Os serviços públicos e do comércio estão concentrados no que se chama de entrequadra.[26] Sua organização é enfatizada por seu sistema de numeração. Por exemplo, SQS 300-D-245 quer dizer Superquadra Sul 300, Bloco D, Apartamento 245. Esta lógica de zoneamento define a espinha dorsal de Brasília e se aplica inclusive ao seu cemitério de formato espiralado.

No Eixo Monumental, os recursos não-residenciais são organizados de forma sistemática semelhante. Em seu

by their systematic numbering. For example, SQS 300-D-245 means Superquadra South 300, Block D, Apartment 245. This logic of "zoning" defines the core of Brasília, and is applied even to the organization of its spiral-shaped cemetery.

On the Monumental Axis, non-residential resources are organized in a similarly systematic manner. In its center – that is to say, in the "head" of the airplane where the "pilot" would be located – below the crossing point of the two axes, the Plaza of the Three Powers is situated, where the parliament, high court, and government buildings and ministries are located as well. Moving from the plaza onward to the "body," one encounters the eight buildings of the ministries, the cathedral, the museum of modern art, the commercial sectors, followed by the Public Services and State Enterprise Sectors, Banking Sectors, Entertainment Sectors, Hotel Sectors, Medical-Hospital Sectors, Radio and Television Sectors, and Convention and Exhibition Sectors, to name the most important ones.

centro – ou seja, na "cabeça" do avião, onde seria a cabine do "piloto" – abaixo do ponto de cruzamento dos dois eixos, fica a Praça dos Três Poderes, onde está o Palácio do Congresso Nacional, o tribunal superior, os prédios do governo e os ministérios. Movendo-se a partir da praça em direção ao "corpo do avião", encontram-se os oito prédios dos ministérios, a igreja, o museu de arte moderna, os setores comerciais, seguido pelos serviços públicos e setores empresariais do Estado, setores bancários, de entretenimento, hotéis, hospitais, rádios e TVs e o Centro de Convenções, para citar alguns dos mais importantes.

A fim de entender como Costa concebeu a interligação entre todas estas zonas em uma cidade coletiva, é importante saber que falta à Brasília nosso conceito familiar de "rua". Pedestres simplesmente se movem entre as zonas de lazer que cercam as casas e interblocos. Dificilmente se encontram calçadas para pedestres ou mesmo transporte público. Costa imaginou o futuro repleto de carros, que teriam uma posição central na cidade. Como um símbolo,

In order to understand how Costa conceived of the interconnection between all of these zones into one collective city, it is important to know that Brasília lacks any familiar concept of a "street." Pedestrians merely move within the recreational zones that surround the houses and inter blocks. Otherwise there are hardly any sidewalks for pedestrians, nor any public transport. Costa imagined the future to be one where cars occupy a central position. As a symbol for – quite literal – progress he wanted no limits whatsoever for car drivers. He therefore decided to organize the city's infrastructure solely by means of roundabouts, without any traffic lights and therefore without any pedestrian space. The necessary street corner, that point of organization that provides the pedestrian certain autonomy in the city, was absent. Costa's master plan only allowed for driving, without any obstructions whatsoever for living the vision that is Brasília. This was an idea that closely matched Le Corbusier's conviction that "the automobile and railway have created a new scale."[28] The city of Brasília that followed this "new scale" thus metaphorically and literally becomes the

quase literal, do progresso não havia limites para os motoristas. Ele organizou a infraestrutura da cidade apenas com rotatórias, sem semáforos e, portanto, sem espaço para pedestres. A esquina necessária, aquele ponto de organização que garante alguma autonomia ao pedestre, simplesmente não existe ali. O grande plano de Costa só permitia dirigir, sem obstáculos de nenhuma espécie para que sua visão de Brasília fosse concretizada. Esta era uma ideia que se aproximava muito da convicção de Le Corbusier de que "o carro e a ferrovia haviam criado uma nova escala".[27] A cidade de Brasília seguia esta "nova escala", portanto metafórica e literalmente, se tornou uma manifestação permanente do progresso. Costa provou estar certo em relação à importância que os carros passariam a ter no Brasil, já que sua indústria é uma das mais importants do país até hoje. Mas o carro é ainda um produto de luxo inatingível para muitos trabalhadores que vivem nas cidades satélite e precisam atravessar a cidade a pé, com todos os riscos relacionados a uma cidade movida à gasolina.

manifestation of permanent progress. Costa proved to be right about the importance that the car would have, as its industry is one of the most important in Brazil today. But the car is also still an unattainable product of luxury for the many workers of the satellite cities that have to cross the city by foot, with all the dangers this entails in a city fueled by gasoline.

As mentioned earlier, CIAM fundamentally opposed the old, condensed city as the symbol of social inequality. In the words of Le Corbusier: "Take an airplane. Fly over our 19th century cities, over those immense sites encrusted with row after row of houses without hearts, furrowed with their canyons of soulless streets. Look down and judge for yourself. I say that these things are the signs of a tragic denaturing of human labor. They are proof that men, subjugated by the titanic growth of the machine, have succumbed to the machinations of a world powered by money."[29] Compared to the old city, in which negative space (the street) is a dense space in permanently negotiation with different forms and

Como mencionado anteriormente, o CIAM fundamentalmente se opunha ao antigo modelo de cidade condensada, como um símbolo de desigualdade. Nas palavras de Le Corbusier: "Pegue um avião. Sobrevoe qualquer uma de nossas cidades do século 19, ao longo desses imensos territórios incrustados com fileira após fileira de casas, sem coração, sulcados com seus cânions de ruas sem alma. Olhe para baixo e julgue por si mesmo. Eu digo que essas coisas são os sinais de um trágico processo de deturpação do trabalho humano. Eles são a prova de que os homens, subjugados pelo crescimento titânico da máquina, sucumbiram às maquinações de um mundo movido por dinheiro."[28] Em comparação com a cidade antiga, em que o espaço negativo (a rua) é um espaço denso em negociação permanente com as diferentes formas e reivindicações de propriedade, Brasília defende exatamente o inverso. Em Brasília, nem as lojas têm permissão de encarar as ruas. São voltadas para dentro, para a comunidade e seus jardins. Os direitos de construção foram limitados à forma das superquadras, resultando em vastas áreas de espaço aberto, que incluem edifícios residenciais projetados por

claims of ownership, Brasília upholds the exact inverse. In Brasília, even the shops were not allowed to face the streets. They were to face to the inside, to the community and its gardens. Building rights were limited to the formatting of the superblocks, resulting in vast areas of open space featuring Costa's residential buildings as apparent public sculptures, as instant monuments. By prohibiting speculation on vacant space, each resident living in the residential axis enjoys an average 25 square meters of green area, in contrast with a meager 4,5 square meters in metropolitan São Paulo.[30]

The proposed architectural approach by CIAM in the city of Brasília is an example *par excellence* for the ambition to find "the solution of collective problems"[31] by freeing the concept of technology from the capitalist system, and using it as a tool for the redistribution of wealth: "They [CIAM] proclaimed a new machine era in which the potential benefits of the Industrial Revolution would be extended to all classes and in which the city would be as orderly as an industrial assemblage."[32] Niemeyer, Costa, como se fossem esculturas públicas aparentes, monumentos instantâneos. Ao proibir a especulação sobre o espaço vazio, cada morador que vive no eixo residencial tem direito a uma média de 25 metros quadrados de área verde, em contraste com uns míseros 4,5 metros na região metropolitana de São Paulo.[29]

A abordagem da arquitetura proposta pelo CIAM, na cidade de Brasília é um exemplo por excelência da ambição de encontrar "a solução de problemas coletivos",[30] se libertando do conceito de tecnologia do sistema capitalista, e usá-la como uma ferramenta para a redistribuição da riqueza: "Eles [CIAM] proclamaram uma nova era da máquina em que os potenciais benefícios da Revolução Industrial seriam estendidos a todas as classes e em que a cidade seria tão organizada quanto um conjunto industrial."[31] Niemeyer, em retrospecto, se opôs a esta abordagem formal da cidade, confirmando assim que os seus prédios em Brasília não chegavam a alterar a estrutura geral da cidade, conforme decidida por Costa, que tinha o DNA do CIAM sobre seu

in retrospect, opposed this formal approach to the city, thereby confirming that his buildings in Brasília did not actually change the overall structure that was decided by Costa, which had the CIAM signature all over it: "People talked about 'purism' – about the 'machine for living in', 'less is more', 'functionalism', and so on – without understanding that all this would be derailed by the plastic freedom made possible by reinforced concrete."[33] Costa on the contrary left no misunderstanding about his greatest achievement. Among a list of questions from a journalist to Lúcio Costa before their interview, one question sought to identify Costa's most important achievement in Brasília. In his usual squiggly penmanship, Costa responded: "the superquadra."[34]

The novelty of Brasília is defined by the way it self-consciously transforms its history of involuntary colonization into a form of voluntary self-colonization, a bizarre reenactment bringing about a new generation of *pioneiros*. However, the result was an international architectural doctrine rooted in European history that had awaited its projeto: "As pessoas falaram sobre 'purismo' – sobre a 'máquina de morar', 'menos é mais', 'funcionalismo', e assim por diante – sem compreender que tudo isso seria prejudicado pela liberdade plástica possibilitada pelo concreto armado."[32] Costa, pelo contrário, não deixou nenhum mal-entendido sobre a sua maior conquista. Entre uma lista de perguntas enviadas por um jornalista antes de uma de suas entrevistas, uma questão em especial buscava identificar a conquista mais importante de Lucio Costa em Brasília. Costa respondeu: "A superquadra."[33]

A novidade de Brasília é definida pela maneira como ela conscientemente transforma sua história de colonização involuntária em uma forma voluntária de autocolonização, uma bizarra reencenação que fez surgir uma nova geração de pioneiros. No entanto, o resultado foi uma doutrina internacional de arquitectura enraizada na história da Europa, mas que aguardava a sua execução em um país disposto a aplicar o seu projeto radical de engenharia social. Não há mais sugestões para os imperadores, nem visões criadas no papel

implementation in a country willing to apply its radical project of social engineering. No more suggestions to emperors, no more visions on paper or first stones promising a different future, but an abstract idea becoming concrete form through a mixture of interests: political, ideological, social, architectural, and historical.

Brasília was built in forty-one months, from 1956 to April 21, 1960, when it was officially inaugurated – although it was still far from finished. Four years later, in 1964, a coup d'état led by the Armed Forces against the democratically elected government of left-wing President João Goulart took place. From March 1964 until March 1985, the military dictatorship was upheld. Brasília became its epicenter, the first government that its "zoned" space would serve was a military one: "Brasília played a significant role in this process of maintaining power [by the military dictatorship]. Being so far from the large centers of unrest, it promoted the isolation required to implement the national security doctrine and carry out political repression."[35]

Administering and engineering its people: that was the

ou pedras fundamantais que prometem um futuro diferente apenas, mas uma idéia abstrata que toma forma concreta por meio de uma mistura de interesses: políticos, ideológicos, sociais, arquitetônicos e históricos.

Brasília foi construída em 41 meses, entre 1956 e 21 de Abril de 1960, quando foi inaugurada oficialmente – embora ainda estivesse longe de estar terminada. Quatro anos depois, em 1964, ocorreu um golpe de estado liderado pelas Forças Armadas contra o governo democraticamente eleito do presidente esquerdista João Goulart. De março de 1964 a março de 1985, a ditadura militar foi mantida no país. Brasília tornou-se seu epicentro, o primeiro governo que teve seu espaço dividido em zonas seria militar: "Brasília desempenhou um papel significativo neste processo de manutenção do poder [pela ditadura militar]. Estando tão longe dos grandes centros de agitação, promoveu o isolamento necessário para implementar a doutrina de segurança nacional e realizar a repressão política."[34] Administrar e fazer a engenharia de seu povo: esta foi a tarefa do projeto

task of Brasília's blueprint, leading to the enormous, intimidating open fields surrounding the governmental, religious, and cultural centers located on the Monumental Axis. Fields in which thousands of protesters – if they would ever be able to get to Brasília in the first place – would still appear completely marginal, aside from being far *too visible* for those who have an interest in exposing them. In a city declared a monument on its inauguration day – thus declaring the administration, the authority forming the basis for its blueprint, absolute – there are no possible architectural alterations or obstructions. The first task of a colony is to appear as if its power has always been there – even before it was apparent for the people who have to endure it.[36] Kubitschek, Costa, and Niemeyer designed the state, the start of a new history. The military, against its own wishes, completed the process.

Protests against the military regime took place, but mainly in the coastal areas of Rio de Janeiro and São Paulo. These cities were not engineered but actually functioned as the country's capitals, even though

de Brasília, levando a enormes e intimidadores campos abertos, em torno dos centros governamentais, religiosos e culturais localizados no Eixo Monumental. Campos em que milhares de manifestantes – se um dia eles conseguissem chegar a Brasília – pareceriam marginais, além estarem muito expostos para quem estivesse interessado em vigiá-los. Em uma cidade que havia sido declarada um monumento no dia de sua inauguração – declarando absolutas a administração e a autoridade formando a base para seu projeto, – não havia possíveis alterações ou obstruções na arquitetura. A primeira tarefa de uma colônia é parecer como se seu poder sempre estivesse estado lá – mesmo antes de se tornar evidente para as pessoas que teriam de suportá-lo.[35] Kubitschek, Costa, e Niemeyer desenharam o estado, o começo de uma nova história. Os militares, contra sua vontade, completaram o processo.

Protestos contra o regime militar irromperam, principalmente nas áreas costeiras do Rio de Janeiro e São Paulo. Essas cidades não foram projetadas, mas funcionavam

officially they no longer had that capacity. Brasília now housed the federal government,[37] and its citizens were mainly civil servants and politicians. Professors Miguel Chaia and Vera Chaia note that, "Brasília's isolation, paradoxically once aimed in order to bring forward the integration of the whole country, permeates its history from the days of Kubitschek and Jânino Quadros, finally becoming a decisive factor in the establishment of the military governments after 1964, though paradoxically, the city was created to integrate the country." They conclude that "[m]any people perceived Brasília as a Utopia which aided the military government by reinforcing political centralization, isolation and the separation of civil and political society. [...] Niemeyer and Costa's concept of a metropolis with a strictly modernist orientation stood side by side with the technical and administrative rationality admired by the military regime after 1964."[38]

Modernist architecture and militarism cannot be conflated, but the notion of egalitarianism as expressed in the construct of Brasília is precarious to say the least, considering como capitais do país, embora oficialmente já não tivessem essa função. Brasília agora abrigava o governo federal,[36] e seus cidadãos eram meros servidores públicos e políticos. Os professores Miguel e Vera Chaia observam que "o isolamento de Brasília, paradoxalmente criada para trazer a integração de todo o país, permeando os dias de Kubitschek e Jânio Quadros, acabou por se tornar um fator decisivo para a implementação do regime militar depois de 1964". Eles concluem que "muitas pessoas percebiam Brasília como a utopia que ajudou o regime militar ao reforçar o centralismo político, o isolamento e o separatismo das sociedades civil e política. [...] O conceito de Niemeyer e de Costa de uma metrópole com orientação estritamente modernista se posicionou ao lado de um modelo racional, técnico e administrativo admirado pelo regime militar depois de 1964".[37]

Arquitetura modernista e militarismo não podem ser confundidos, mas a noção de igualdade como expressa na construção de Brasília é precária, para dizer o mínimo, considerando que a sua lógica administrativa de "zoneamento"

that its administrative logic of "zoning" and "engineering" the life of citizens can be used for a variety of political agendas. This is the result of Brasília itself already being a manifestation of a series of conflicting religious and political myths and narratives that culminated at a specific point in time. The blueprint as an ideological construct and the way the construct is explained in terms of discourse are not necessarily one and the same. The culmination of narratives generates its own ambiguous and hybrid usages, different forms of instrumentalization that both the Modernists and the military were capable of practicing. Despite their evident differences in *intention*, the structure of the culminated discourses that is Brasília, allowed both parties to flourish.

Brasília is thus (1) a mediated city, psychographed by Lúcio Costa with the help of Oscar Niemeyer, dictated by Kubitschek mediating the figures of Tiradentes and Dom Bosco, from the beyond into the present. It is (2) a socially engineered city, attempting to alter the behavior of its inhabitants toward an ideal of modern,

e "engenharia" da vida dos cidadãos pode ser usada para uma variedade de agendas políticas. Este é o resultado da própria Brasília já ser uma manifestação de uma série de mitos religiosos e políticos conflitantes e narrativas que culminaram em um ponto específico no tempo. O projeto como uma construção ideológica e a forma como sua construtução é explicada em termos discursivos não são necessariamente a mesma coisa. O ápice das diversas narrativas gera seus próprios usos ambíguos e híbridos, formas diversas de instrumentalização que tanto modernistas quanto militares foram capazes de executar. Apesar das diferenças evidentes na intenção, a estrutura dos discursos que convergiram para Brasília, permitiu a ambas as partes florescer.

Brasília é, portanto, (1) uma cidade psicografada, transcrita por Lúcio Costa com a ajuda de Oscar Niemeyer, ditada por Kubitschek canalizando as figuras de Tiradentes e Dom Bosco, do além para o presente. É (2) a cidade de engenharia social, como uma tentativa de alterar o comportamento de seus habitantes em direção a um ideal do homem moderno,

progressive, industrial man. It is (3) a colonial project, a form of recolonization, because it consciously appropriates the project of overtaking land and resources from its indigenous people living in the inlands. Because of its closed structure it is (4) a gated community, excluding the many living in the satellite cities that would like to share in the privileges of the few living in its center. It is (5) a hierarchic model, as it organizes different classes of citizens in different partitioned segments of its cities, depending on their political and economic status they are brought closer to its privileged center. And finally, it is (6) designed as the capital of a statist society, ideally organizing the means of production, monopoly of violence, and social resources in the hands of its government.

progressista, industrial. É (3) um projeto colonial, uma forma de recolonização, porque conscientemente se apropria do projeto de tomar a terra e os recursos dos povos indígenas nativos que viviam ali. Por causa de sua estrutura fechada é (4) um condomínio fechado, excluindo muitos que vivem nas cidades-satélites, mas que gostariam de compartilhar os privilégios dos poucos que vivem em seu centro. Trata-se (5) de um modelo hierárquico, uma vez que organiza as diferentes classes de cidadãos em diferentes segmentos fracionados de suas cidades, que, de acordo com o seu estatuto político e econômico que se aproximam ou se afastam de seu centro privilegiado. E, finalmente, é (6) projetada como a capital de uma sociedade estadista, cujo ideal é organizar os meios de produção, deter o monopólio da violência e os recursos sociais nas mãos de seu governo.

Notes

1. Israel Pinheiro, 'Porque se impõe a mudança da Capital', *Brasília* (June 1957), paraphrased in Emily Fay Story, *Constructing Development: Brasília and the making of modern Brazil* (2006), p. 57. See: http://etd.library.vanderbilt.edu/available/etd-07282006-115412/unrestricted/EFSdissertation.pdf
2. Emily Fay Story, *Constructing Development: Brasília and the making of modern Brazil*: pp. 10-11. "Most narratives of Brasília's history – including the version Kubitschek consistently put forth – begin in 1789 with the Minas Conspiracy, an aborted independence plot centered in the rich mining captaincy of Minas Gerais. The conspiracy's leader, Joaquim José da Silva Xavier, better known as Tiradentes, was executed, his corpse dismembered and displayed in various sites throughout the captaincy as a bloody warning to would-be rebels."
3. James Holston, *The Modernist City: An Anthropological Critique of Brasília* (Chicago/London: The University of Chicago Press, 1989), p. 16.
4. Story, *Constructing Development:* pp. 40-41. "Since Brazilian politicians tend to abandon the projects initiated by their predecessors, Kubitschek had good reason to insist on an accelerated construction schedule. To secure support for the project, Kubitschek and those he enlisted to plan and implement the project launched an extensive publicity campaign aimed at generating support for the ambitious undertaking, which consumed an estimated between 250 and 300 million cruzeiros, or 2-3 percent of the annual GDP during the construction years (1956-60). During that period, the annual federal budget of Brazil hovered around Cr$400 million. Therefore, the cost of Brasília's construction equaled roughly 20 percent of the federal budget during the initial years (not all of the funding, however, came directly from the government; much was in the form of bilateral and multilateral loans)."
5. Story, *Constructing Development:* p. 15. "On the centennial of Brazilian Independence, 7 September 1922, one group chose to celebrate by

---

1. Israel Pinheiro, 'Porque se impõe a mudança da Capital', *Brasília* (Junho de 1957), parafraseando Emily Fay Story, *Constructing Development: Brasília and the Making of Modern Brazil* (2006) (Desenvolvimento em Construção: Brasília e a construção do Brasil moderno, em tradução livre), p. 57. Ver: http://etd.library.vanderbilt.edu/available/etd-07282006-115412/unrestricted/EFSdissertation.pdf
2. Emily Fay Story, *Constructing Development: Brasília and the Making of Modern Brazil*: pp. 10-11. (Desenvolvimento em Construção: Brasília e a construção do Brasil moderno, em tradução livre) "A maioria das narrativas da história de Brasília – incluindo a versão consistente que Kubitschek divulgou – começou em 1789 com a Conspiração Mineira, um plano de independência abortado, que surgiu no centro da capitânia mineradora de Minas Gerais. O líder da conspiração, Joaquim José da Silva Xavier, mais conhecido como Tiradentes, foi executado e seu corpo desmembrado e exibido em vários lugares por toda a capitânia, como um aviso sangrento do que aconteceria a outros rebeldes."
3. James Holston, *The Modernist City: An Anthropological Critique of Brasília* (Chicago/London: The University of Chicago Press, 1989), p. 16. (A Cidade Modernista: Uma Crítica Antropológica à Brasília, em tradução livre)
4. Story, *Constructing Development* (Desenvolvimento em Construção, em tradução livre): pp. 40-41. "Já que os políticos brasileiros tendem a abandonar os projetos iniciados por seus antecessores, Kubitschek tinha boas razões para insistir em acelerar a construção da cidade no calendário. Para assegurar apoio ao seu projeto, Kubitschek e aqueles que ele chamou para planejar e implementar o projeto lançaram uma extensa campanha publicitária voltada para gerar o apoio de construtores ambiciosos, que consumiram cerca de 250 a 300 milhões e cruzeiros ou 2% a 3% do PIB anual do país durante os anos da construção (1956-60). Durante este período, o orçamento federal do Brasil era de cerca e Cr$400 milhões. Portanto, o custo da construção de Brasília usou cerca

dedicating a monument in the form of an obelisk at the site of the new capital. Transporting the 3.75 meter tall piece of stone to the remote location, 315 kilometers from the nearest railway station, was no easy task."
6. Oscar Niemeyer, *The Curves of Time* (London/New York: Phaidon, 2000), p. 72.
7. Juscelino Kubitschek, speech delivered in São Paulo during the Primeira Semana Nacional Mudancista, printed in *Brasília* No. 3 (March 1957), pp. 1-2, paraphrased in Story, *Constructing Development*, p. 42.
8. Holston, *The Modernist City*, p. 209.
9. Ibid., p. 201.
10. Story, *Constructing Development*, p. 65.
11. Holston, *The Modernist City*, p. 209.
12. Ibid., p. 216.
13. Ibid., p. 261.
14. Ibid., p. 257.
15. Manoel Caetano Bandeira de Mello, Diretor do Serviços de Documentação do D.A.S.P, Introduction to Donald J. Belcher and Associates, *O relatório técnico sobre a nova capital da República* (Rio de Janeiro: Departamento de Imprensa Nacional, 1957), cited in Story, *Constructing Development*, p. 33.
16. Something for which he carefully laid the ground himself: "The apparent spontaneity of Kubitschek's decision to build Brasília during a campaign stop in 1955 is an example of how he sought to deemphasize his ownership of the project." Story, *Constructing Development*, p. 70.
17. The "openness" of this call seems questionable: "Niemeyer sat on the committee judging entrants (the contest was limited to Brazilian designers) alongside Novacap president Israel Pinheiro and international authorities on architecture, including Sir William Holford and Stano Papadaki. Because the modernist aesthetic had clearly been settled upon before the contest began, the competition seems to have been something of a farce." Story, *Constructing Development*, p. 4.
18. Holston, *The Modernist City*, p. 62.
19. Ibid., p. 63.
20. Story, *Constructing Development*, p. 26.
21. Holston, *The Modernist City*, p. 64.

de 20% do orçamento federal durante os primeiros anos (nem todo o dinheiro veio do governo, entretanto; muito chegou a partir de empréstimos multilaterais)."
5. Story, *Constructing Development* (Desenvolvimento em Construção, em tradução livre): p. 15. "Na celebração dos Cem Anos da Independência do Brasil, em 1922, um grupo decidiu comemorar a data dedicando um monumento em forma de obelisco no centro de onde ficaria a nova capital. Transportar a peça de pedra que mede 3,75 metros para a localização remota, 315 quilômetros da estação de trem mais próxima, não foi uma tarefa fácil."
6. Oscar Niemeyer, *The Curves of Time* (*As Curvas do Tempo*, em tradução livre) (London/New York: Phaidon, 2000), p. 72.
7. Juscelino Kubitschek, discurso pronunciado em São Paulo durante a Primeira Semana Nacional Mudancista, publicado em *Brasília* No. 3 (Março 1957), pp. 1-2, parafraseando de, *Constructing Development* (Desenvolvimento em Construção, em tradução livre), p. 42.
8. Holston, *The Modernist City* (A Cidade Modernista, em tradução livre), p. 209.
9. Ibid., p. 201.
10. Story, *Constructing Development* (Desenvolvimento em Construção, em tradução livre), p. 65.
11. Holston, *The Modernist City*, p. 209.
12. Ibid., p. 216.
13. Ibid., p. 261.
14. Ibid., p. 257.
15. Manoel Caetano Bandeira de Mello, Diretor do Serviço de Documentação do D.A.S.P, Introdução a Donald J. Belcher e Associados, *O relatório técnico sobre a nova capital da República* (Rio de Janeiro: Departamento de Imprensa Nacional, 1957), citado em Story, *Constructing Development* (Desenvolvimento em Construção, em tradução livre), p. 33.
16. Foi algo para o qual ele preparou o caminho pessoalmente: "A aparente espontaneidade da decisão de Kubitschek de construir Brasília durante a campanha de 1955 é um exemplo de como ele procurou tirar de si mesmo a autoria do projeto." Story, *Constructing Development* (Desenvolvimento em Construção, em tradução livre), p. 70.
17. A "transparência" desse chamado parece

22. Ibid., p. 72.
23. I share the critique on Holston by Farès el-Dahdah who states that Holston "insists [that] for a city to be a city, it must either abide with nineteenth-century urban norms or reflect the configuration of some village ideal." Nevertheless, his book is certainly still one of the most well documented when it concerns the social, political, economical and infrastructural planning, building and early results of the Brasília project. See also: "The Superquadra and the Importance of Leisure", in *Brasília's Superquadra,* ed. Farès El-Dahdah (Munich/Berlin/London/New York: Prestel Verlag, 2005), p. 12.
24. Eric Mumford, *Defining Urban Design* (New Haven/London: Yale University Press, 2009), p. 3.
25. "The bulk of the *candangos*, as the laborers came to be known, came from the nearby states of Goiás and Minas Gerais, though about forty percent came from the impoverished northeast. Living conditions were very difficult, especially in the first years. Engineers, architects, and Novacap administrators endured frontier conditions along with the *candangos*. Accidents and disease claimed an unknown number of victims. The *candangos* further suffered at the hands of the repressive construction managers and the feared Guarda Especial de Brasília (GEB) that enforced order with an iron fist when necessary. During the infamous massacre at the Pacheco Fernandes camp during February 1959, at least one (perhaps more than a dozen) candango protesting inhumane working conditions died under fire from the GEB." Source: *Constructing Development*, p. 39.
26. Mumford, *Defining Urban Design*, p. 14.
27. "The idea was to have an elementary school in every quadra, and a high school in every four, as well as a church and a community center. Self-sufficient. Establishing a sense of community. These services were very well planned, but then were set aside by city administrators who did not really take advantage of this." Juan Atoni in conversation

questionável: "Niemeyer sentou-se no comitê julgando os candidatos (o concurso estava limitado a arquitetos e designers brasileiros) ao lado do presidente da Novacap, Israel Pinheiro e autoridades internacionais em arquitetura, incluindo Sir William Holford e Stano Papadaki. Porque a estética modernista tinha sido claramente definida antes de o concurso começar, a competição parece ter sido uma espécie de farsa." Story, *Constructing Development* (Desenvolvimento em Construção, em tradução livre), p. 4.
18. Holston, A Cidade Modernista, p. 62.
19. Ibid., p. 63.
20. Story, *Constructing Development* (Desenvolvimento em Construção, em tradução livre), p. 26.
21. Holston, *A Cidade Modernista*, p. 64.
22. Ibid., p. 72.
23. Compartilho a crítica a Holston por Farès el-Dahdah que diz que Holston "insiste [que] para uma cidade se tornar uma cidade, ela deve manter as normas urbanas do século 19 ou refletir a configuração de alguma cidade ideal". Apesar disso, seu livro é certamente ainda um dos mais bem documentados quando se trata do projeto social, político, econômico e de planejamento de infraestrutura, construção e dos primeiros resultados de Brasília: "The Superquadra and the Importance of Leisure", in *Brasília's Superquadra*, (A Superquadra e a Importância do Lazer, em A Superquadra de Brasília, em tradução livre) ed. Farès El-Dahdah (Munich/Berlin/London/New York: Prestel Verlag, 2005), p. 12.
24. Eric Mumford, *Defining Urban Design* (Definindo o Design Urbano, em tradução livre) (New Haven/London: Yale University Press, 2009), p. 3.
25. "A maioria dos *candangos*, como eram conhecidos os trabalhadores, vinha de Goiás e de Minas Gerais, embora 40% deles tivessem chegado do Nordeste empobrecido. As condições de vida eram muito difíceis, especialmente nos primeiros anos. Engenheiros, arquitetos e administradores da Novacap suportaram condições de vida na fronteira ao lado dos *candangos*. Acidentes e doenças cobraram um número desconhecido de vítimas. Os *candangos* sofreram ainda mais nas mãos repressoras

with Lúcio Costa, "Regarding the Superquadra: An Interview with Lúcio Costa," in *Brasília's Superquadra*, ed. Farès El-Dahdah, p. 22.
28. Mumford, *Defining Urban Design*, p. 11.
29. Holston, *The Modernist City*, p. 41.
30. Ibid., p. 168.
31. Ibid., p. 38.
32. Ilbid., p. 41.
33. Niemeyer, *The Curves of Time*, p. 171.
34. El-Dahdah, "The Superquadra and the Importance of Leisure," in *Brasília's Superquadra*, p. 11.
35. Miguel Chaia and Vera Chaia, "Brasília's Political Dimension," in *Archive Utopia*, ed. Anette Hüsh (Heidelberg/Berlin: Kehrer Verlag, 2011), p. 160.
36. Story, *Constructing Development:* "While it would take more than a decade to complete the transfer, the Congress, Supreme Court, and Presidency began functioning in Brasília on the day of its inauguration." p. 39.
37. Chaia and Chaia, "Brasília's Political Dimension," p. 158.
38. Ibid., p. 159.

---

dos gerentes das empresas construtoras e temiam a Guarda Especial de Brasília (GEB) que mantinha a ordem com mão de ferro, se necessário. Durante o infame massacre no campo de Pacheco Fernandes em fevereiro de 1959, pelo menos um (mas pode ter sido uma dúzia) dos candangos que protestavam contras as condições de vida foram mortos à bala pela GEB." Source: *Constructing Development*, p. 39. (Desenvolvimento em Construção, em tradução livre)
26. Mumford, *Defining Urban Design*, p. 14.
27. "A ideia era ter escolas fundamentais em cada quadra e uma escola de ensino médio a cada quatro quadras, bem como uma igreja e um centro comunitário. Autossuficiente. Estabelecia um sentido de comunidade. Esses serviços eram muito bem planejados, mas depois deixados de lado pelos administradores da cidade que não viam vantagens reais nisso." Juan Atoni em conversas com Lúcio Costa "Regarding the Superquadra: An Interview with Lúcio Costa," in *Brasília's Superquadra* (Sobre a Superquadra: Uma entrevista com Lùcio Costa", em A Superquadra de Brasília, em tradução livre), ed. Farès El-Dahdah, p.22.
28. Mumford, *Defining Urban Design*, p. 11.
29. Holston, *The Modernist City*, p. 41.
30. Ibid., p. 168.
31. Ibid., p. 38.
32. Ibid., p. 41.
33. Niemeyer, *The Curves of Time*, p. 171.
34. El-Dahdah, "The Superquadra and the Importance of Leisure," in *Brasília's Superquadra*, p. 11.
35. Miguel Chaia e Vera Chaia, "Brasília's Political Dimension," ("Dimensões Políticas de Brasília", em *Arquivo Utopia*, em tradução livre) in *Archive Utopia*, ed. Anette Hüsh (Heidelberg/Berlin: Kehrer Verlag, 2011), p. 160.
36. Story, *Constructing Development*: "Apesar de ter levado mais de uma década para completar a transferência, o Congresso, o Supremo Tribunal e a Presidência da República começaram a funcionar em Brasília no dia de sua inauguração." p. 39.
37. Chaia e Chaia, "Brasília's Political Dimension," p. 158.
38. Ibid., p. 159.

Notes

BRASÍLIA

NOSSO LAR, BRASÍLIA: STRUCTURAL SIMILARITIES

NOSSO LAR, BRASÍLIA: SEMELHANÇAS ESTRUTURAIS

Nosso Lar, Brasília: Structural Similarities

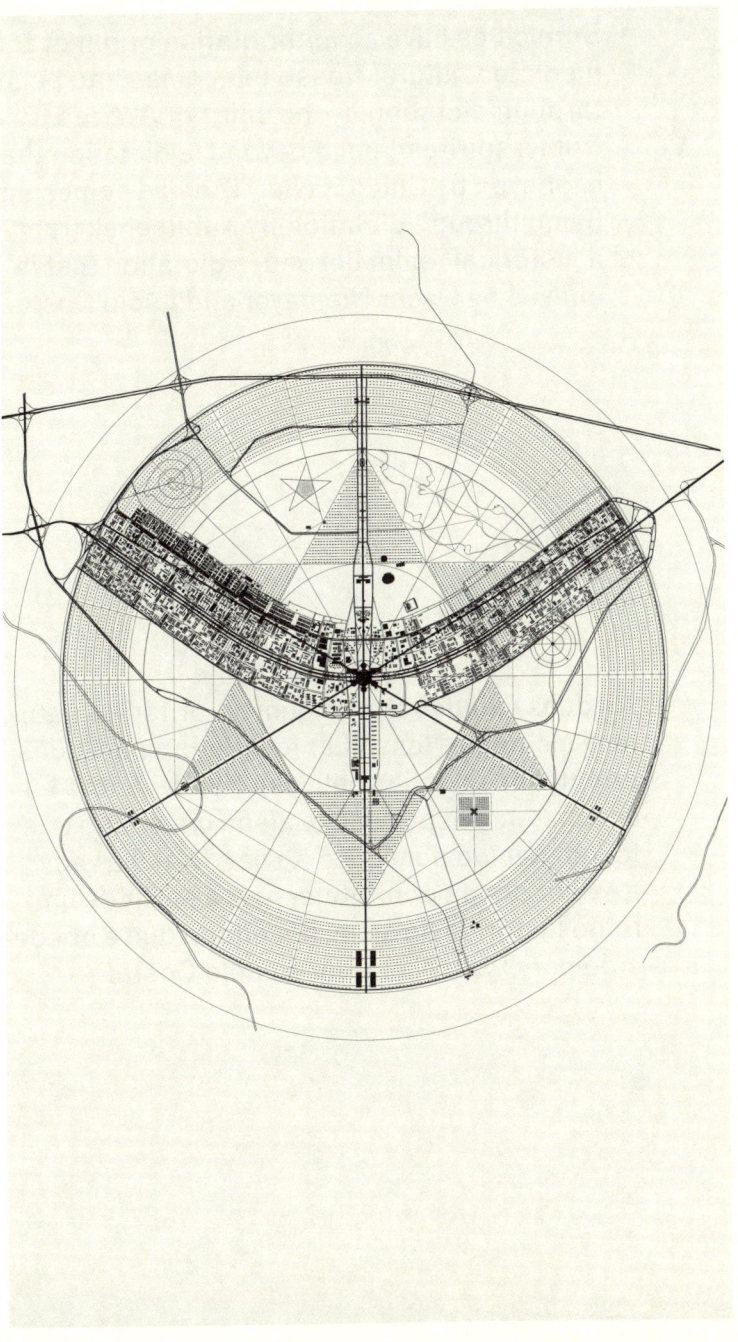

1. Both cities have an authoritarian origin of a mediated nature: Nosso Lar comes into being through dictation by the spirit of André Luiz from a spiritual realm beyond, a dictation that is obeyed by Chico Xavier; Brasília comes into being through dictation by Kubitschek from a historical realm beyond, a dictation that is obeyed by Oscar Niemeyer and Lúcio Costa.

1. As duas cidades têm origem autoritária e natureza mediada: Nosso Lar foi criada a partir das orientações ditadas pelo espírito de André Luiz em um reino espiritual no além, um ditado que foi obedecido por Chico Xavier; Brasília vem a existir ditada por Kubitschek, a partir de um reino histórico do além, um ditado que é obedecido por Oscar Niemeyer e Lúcio Costa.

City plan of Brasília
Planta de Brasília
500m

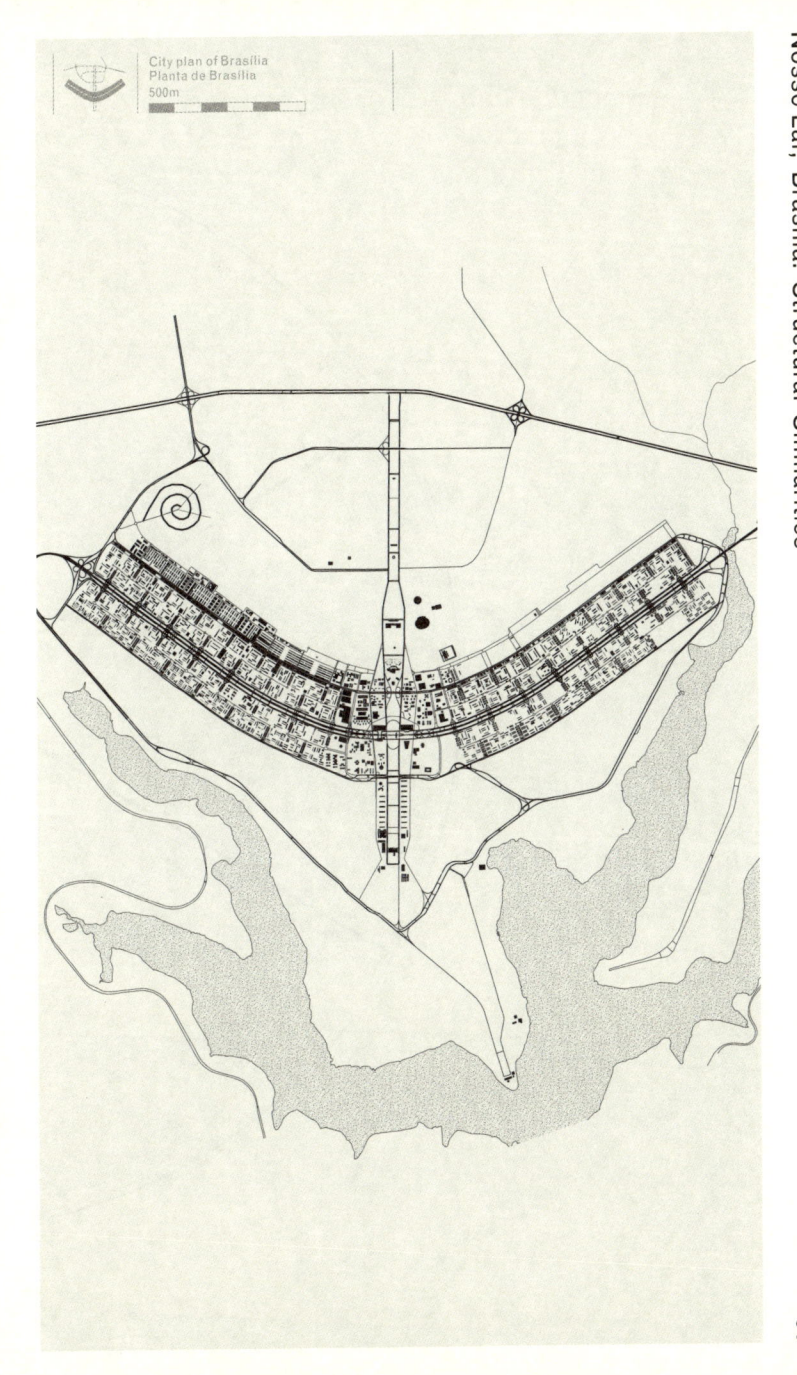

Nosso Lar, Brasília: Structural Similarities

Nosso Lar, Brasília: Semelhanças estruturais

Cityplan of Nosso Lar
Planta de Nosso Lar
500m

Nosso Lar, Brasília: Structural Similarities

2. Both cities are instruments of (re-)colonization processes: Xavier recolonizes the field of religion by implanting his Spiritist movement in the occupied domain of Roman Catholicism; Kubitschek recolonizes the country of Brazil, by implanting his Modernist colony in the domain still unoccupied by the Portuguese.

2. As duas cidades são instumentos de um processo de recolonização: Xavier recoloniza o campo da religião ao implementar seu movimento espírita, ocupando o domínio da igreja católica romana; Kubitschek recoloniza o país, ao implementar a colônia modernista no domínio que não havia sido ocupado pelos portugueses.

Nosso Lar, Brasília: Structural Similarities

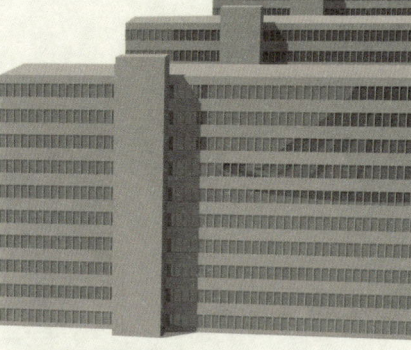

The cathedral and ministries of
Brasília
A catedral e os ministérios de Brasília

Initiation Temple of the Ministry of Divine Union and ministry buildings of Nosso Lar

Templo da iniciação do Ministério da União Divina e prédios dos ministérios em Nosso Lar

Nosso Lar, Brasília: Structural Similarities

97

3. Both cities are colonies: Nosso Lar is a regeneration colony built by spiritual pioneers in the skies above Brazil; Brasília is a colony built by political, Modernist, and industrial pioneers in the heartlands of Brazil.

3. As duas cidades são colônias: Nosso Lar é uma colônia de regeneração construída por pioneiros espirituais sobre os céus brasileiros; Brasília é uma colônia construída por pioneiros políticos, modernistas e industruiais no interior do Brasil.

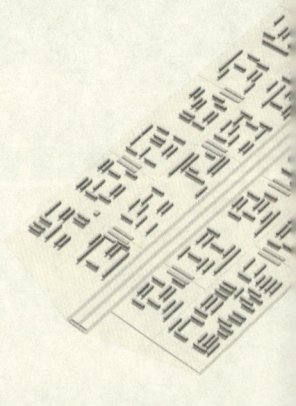

Bird's-eye view of Brasília's city plan from the south
Vista aérea sul da planta de Brasília

Nosso Lar, Brasilia: Structural Similarities

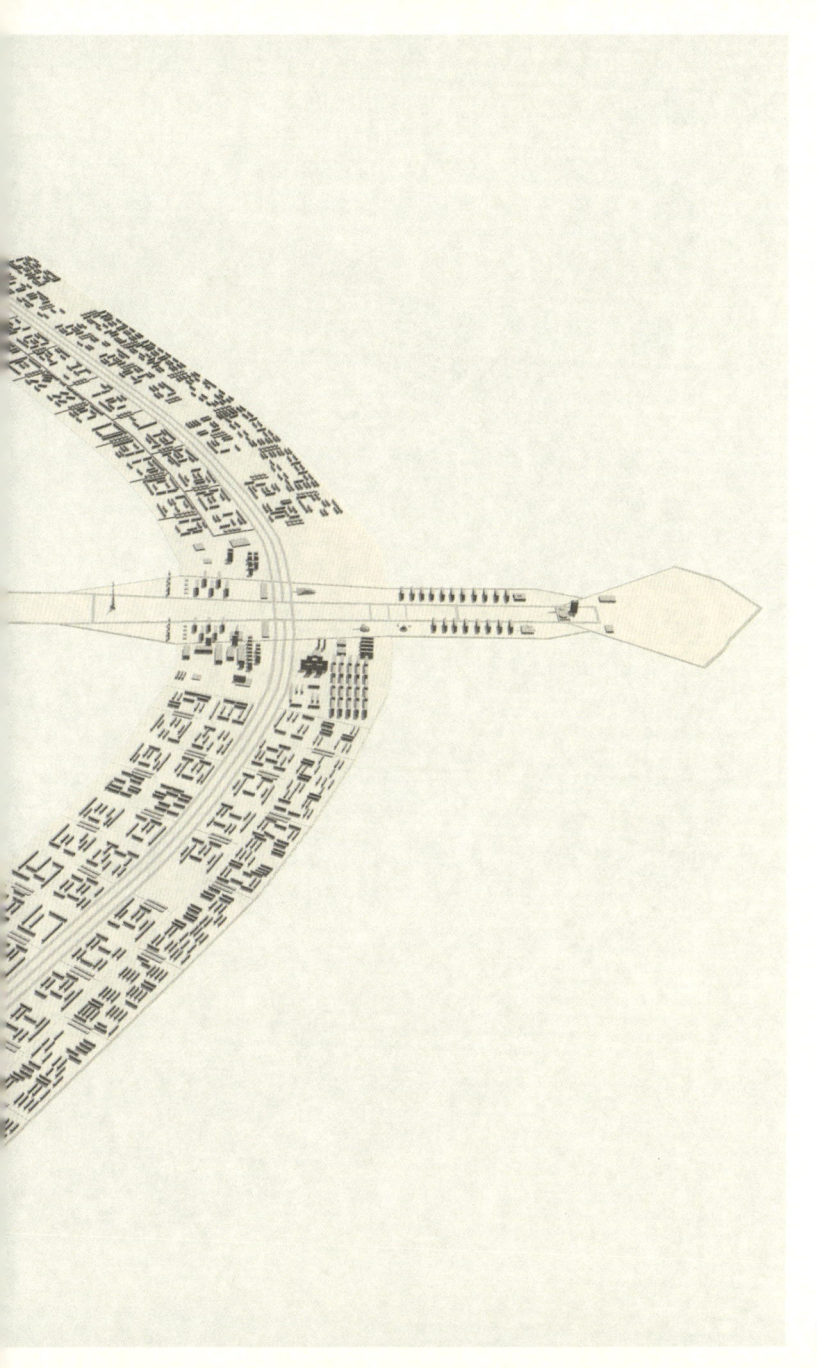

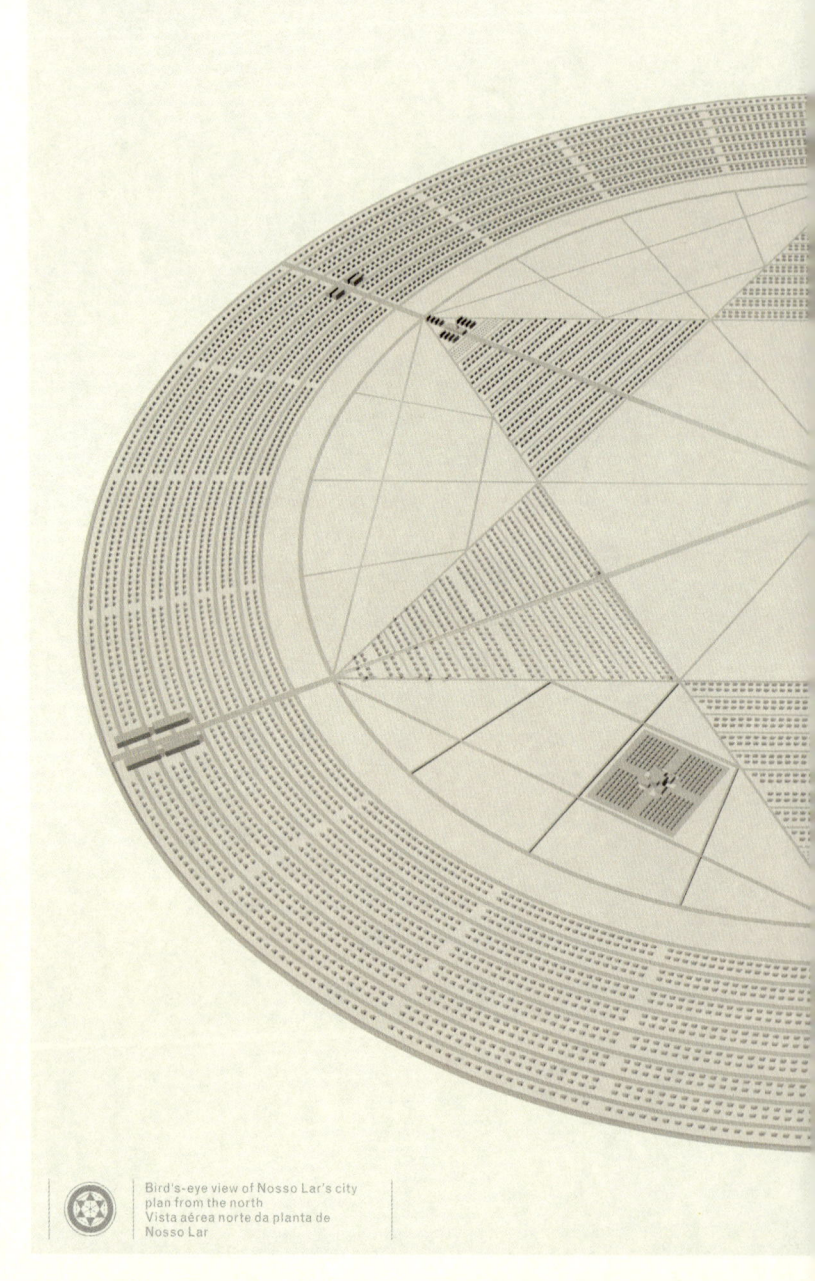

Nosso Lar, Brasília: Semelhanças estruturais

Bird's-eye view of Nosso Lar's city plan from the north
Vista aérea norte da planta de Nosso Lar

Nosso Lar, Brasília: Structural Similarities

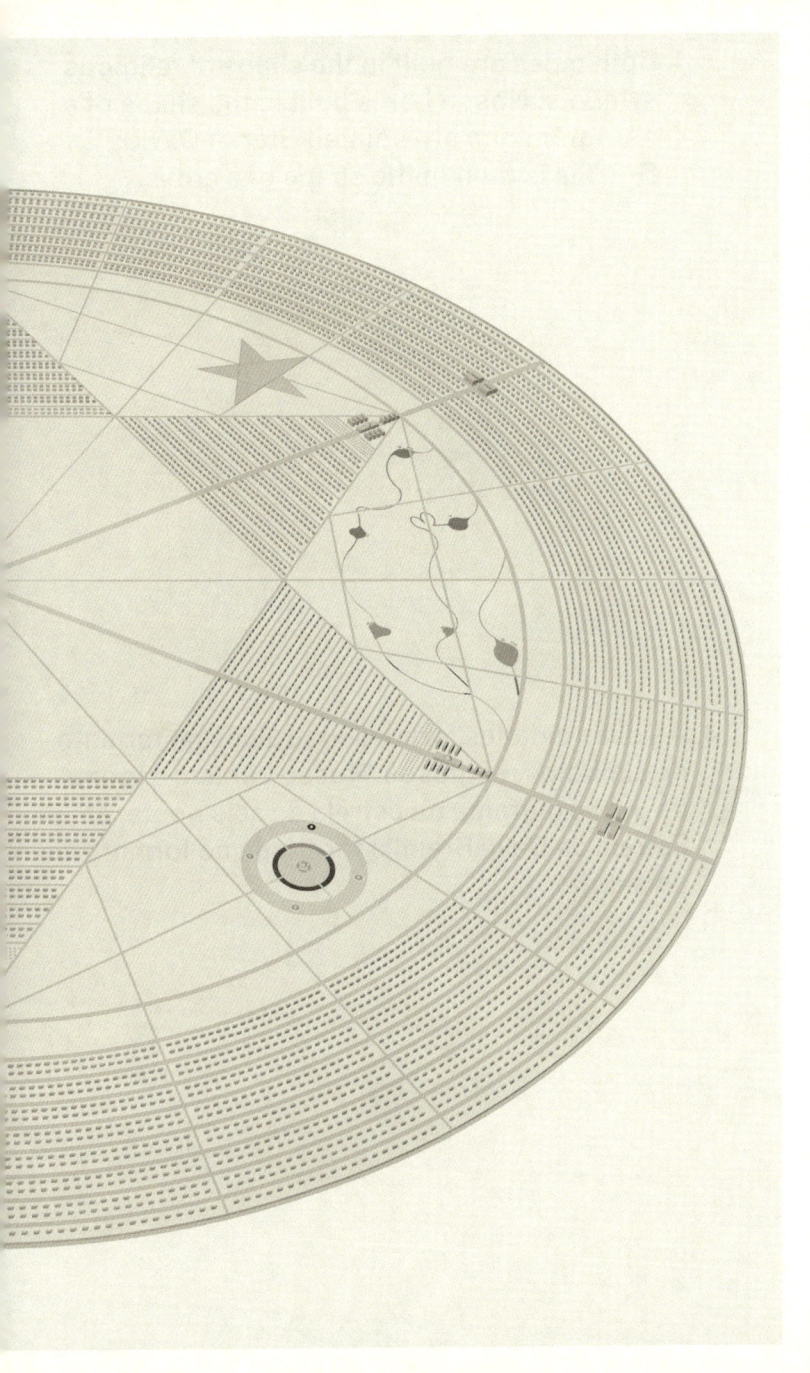

4. Both cities are built in the shape of religious symbols: Nosso Lar is built in the shape of a hexagram or a six-pointed Star of David; Brasília is built in the shape of a cross.

4. As duas cidades foram construídas no formato de símbolos religiosos: Nosso Lar tem a forma de um hexagrama ou estrela de seis ponta, a Estrela de Davi; Brasília foi criada no formato de uma cruz.

Brasília, city outline
Contorno da cidade de Brasília

Nosso Lar, city outline
Esboço de Nosso Lar

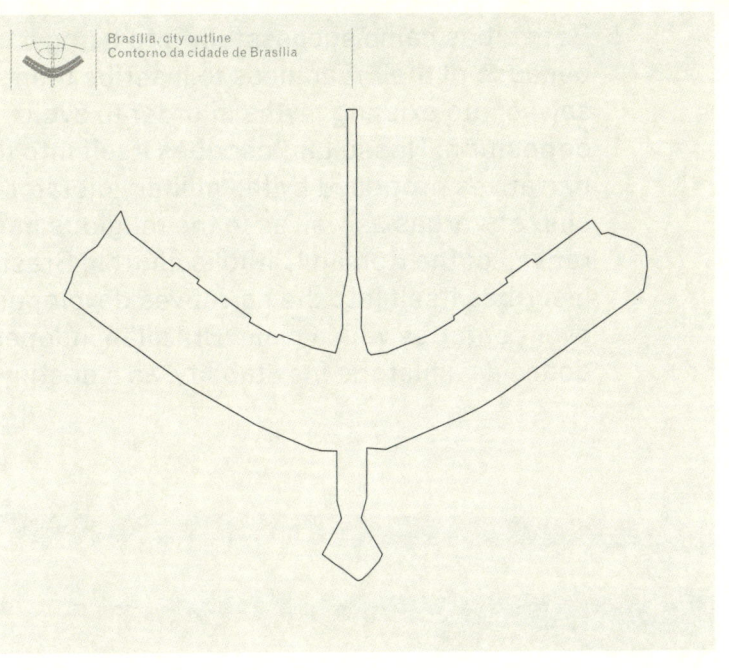

Nosso Lar, Brasília: Structural Similarities

103

5. Both cities came successfully into being because of their readiness to inscribe themselves into existing myths in order to avoid opposition: Nosso Lar inscribes itself into the narratives proposed by the military dictatorship of Vargas as well as in the religious narratives of the Roman Catholic church; Brasília inscribes itself into the narratives developed over centuries which claim Brazilian independence as a historic inevitability, as a destiny.

5. As duas cidades foram criadas com sucesso por sua prontidão em se encaixar nos modelos de mitos existentes para evitar oposição: Nosso Lar se encaixa nas narrativas propostas pela ditadura de Vargas, bem como na narrativa religiosa da igreja católica romana; Brasília se inscreve nas narrativas desenvolvidas durante séculos que pedem a indenpendência do Brasil como uma inevitabilidade histórica, um destino.

Nosso Lar's Government Building, ministries and residential buildings in the background

Governadoria de Nosso Lar, com ministérios e área residencial em segundo plano

Nosso Lar, Brasília: Structural Similarities

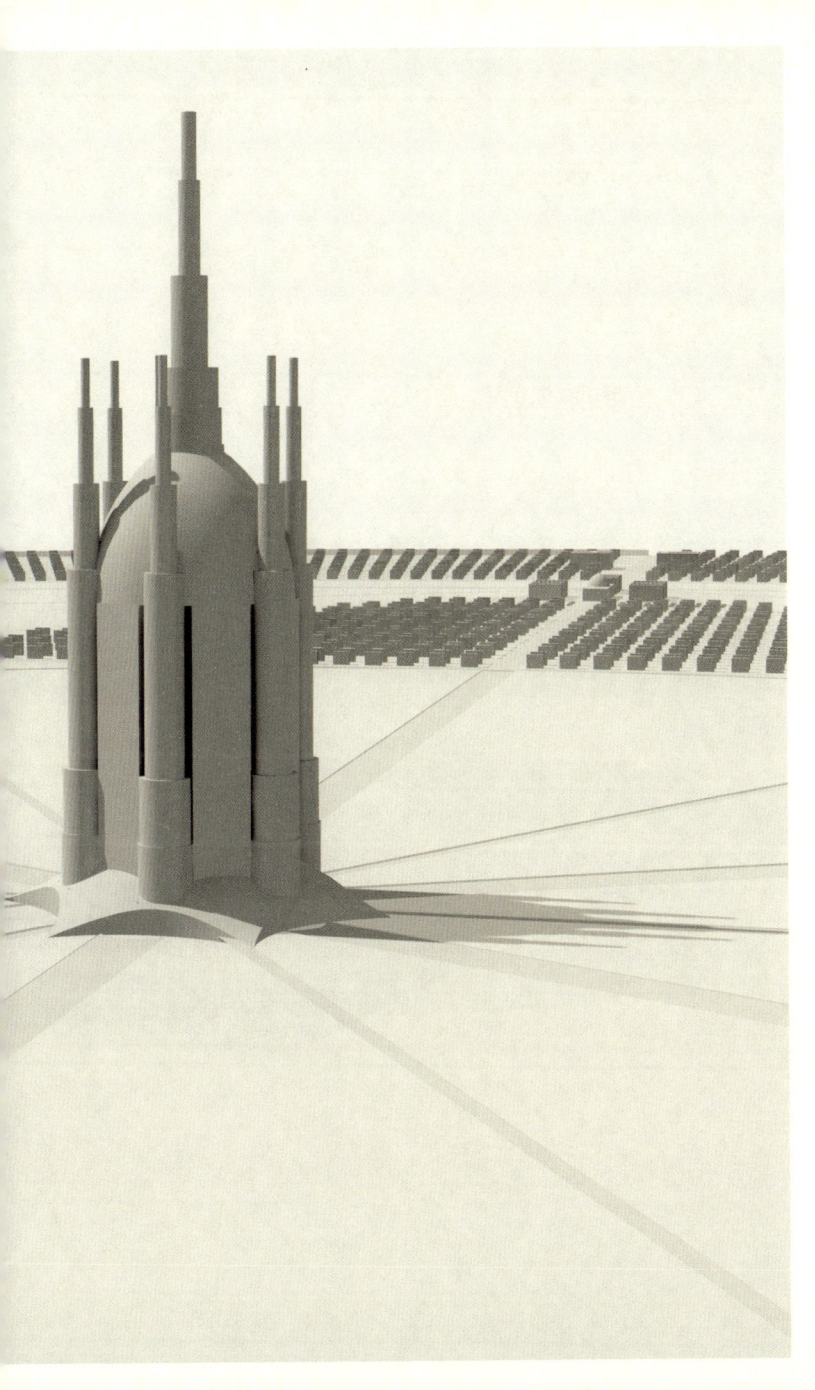

105

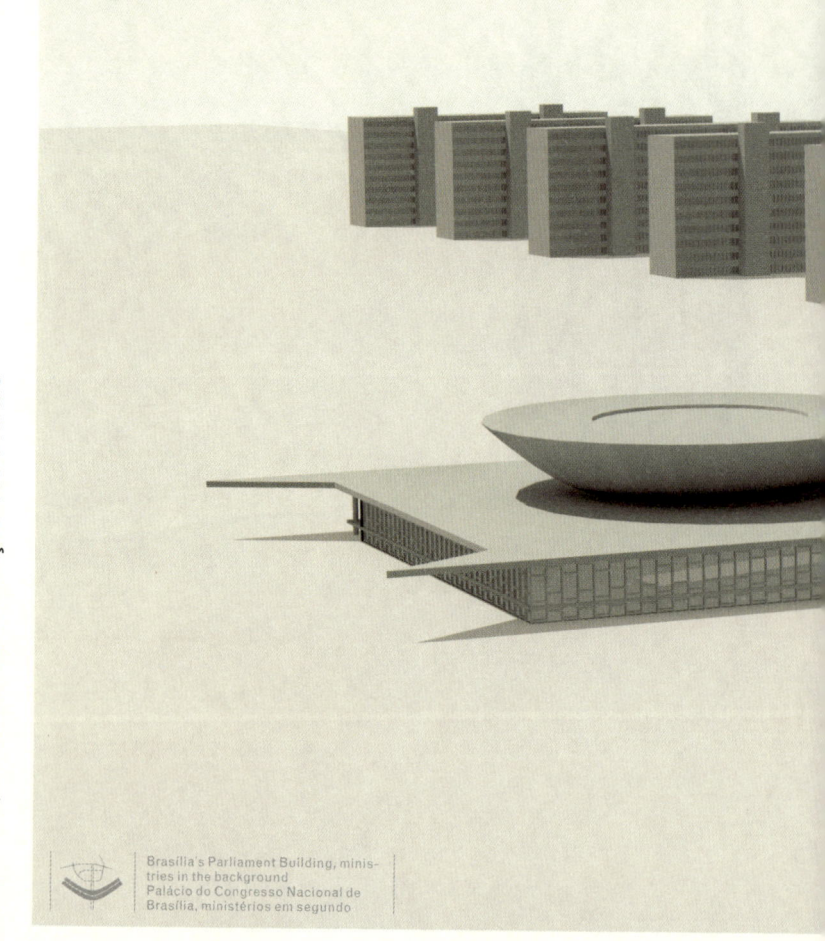

Brasília's Parliament Building, ministries in the background
Palácio do Congresso Nacional de Brasília, ministérios em segundo

Nosso Lar, Brasília: Structural Similarities

6. Both cities are governmental capitals: Nosso Lar governs its own colony and engineers the Umbral outside of its walls; Brasília governs its own colony and engineers its satellite cities outside of its city borders.

6. As duas cidades são capitais de governo: Nosso Lar governa sua própria colônia e administra o Umbral do lado de fora dos muros; Brasília governa sua própria colônia e administra as cidades satélites nos limites da cidade.

Brasília's outer residential area
(superquadras)
Área residencial externa de Brasília
(superquadras)

Nosso Lar, Brasília: Structural Similarities

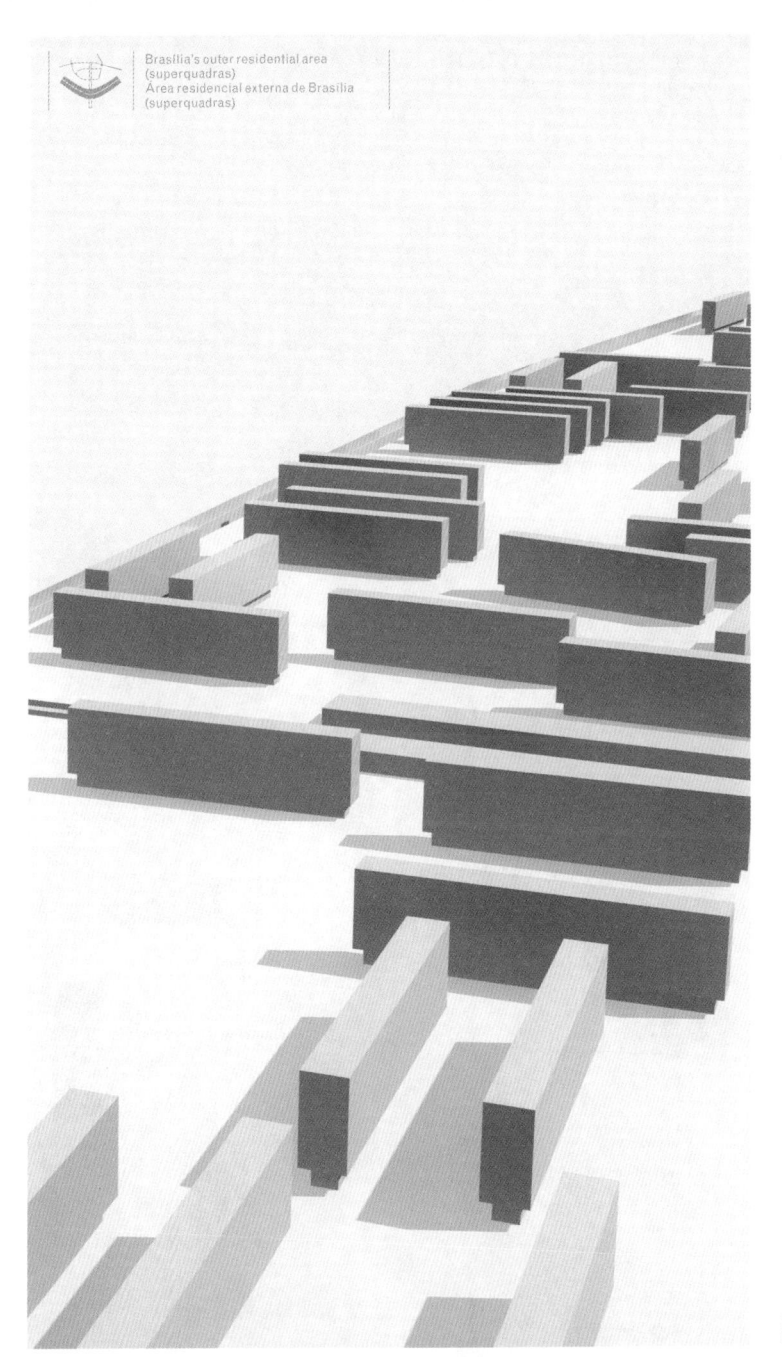

Nosso Lar's outer residential ring
Anel residencial externo de
Nosso Lar

Nosso Lar, Brasília: Semelhanças estruturais

Nosso Lar, Brasília: Structural Similarities

7. Both cities uphold authority as the main balance in society: Nosso Lar's controlled, "zoned" space can be engineered on all levels from its center – politically, economically, socially, and architecturally – and through military means; Brasília's controlled, "zoned" space can be engineered on all levels from its center – politically, economically, socially, and architecturally – and through military means.

7. As duas cidades adotam a autoridade como ponto de equilíbrio na sociedade: Nosso Lar é um espaço controlado em zonas que podem ser administradas em todos os níveis, a partir de seu centro – politicamente, economicamente, socialmente, arquiteturalmente – e por meio de aparato militar; as zonas controladas de Brasília podem ser administradas em todos os níveis a partir de seu centro – politicamente, economicamente, socialmente, arquiteturalmente – e por meio de aparato militar;

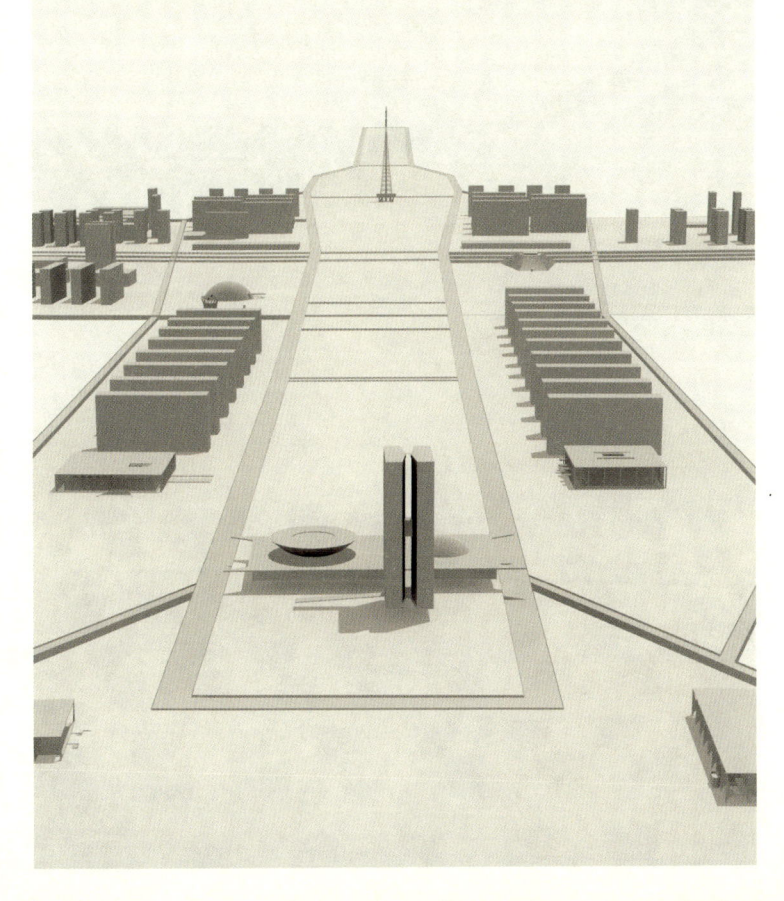

Brasília's Governmental Axis
Eixo governamental de Brasília

Nosso Lar, Brasília: Structural Similarities

Nosso Lar's Governmental Axis
Eixo governamental de Nosso Lar

Nosso Lar, Brasília: Semelhanças estruturais

Nosso Lar, Brasília: Structural Similarities

8. Both cities believe themselves to be instrumental in developing inferior beings into a superior people: Nosso Lar shapes and engineers its citizens into the ideal of spiritual man; Brasília shapes and engineers its citizens into the ideal of modern man.

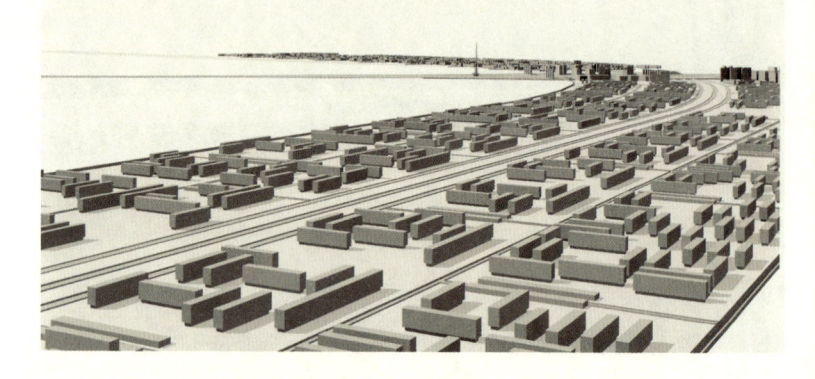

8. As duas cidades acreditam ser um instrumento para o desenvolvimento de seres inferiores em um povo superior: Nosso Lar molda e administra seus cidadãos em um ideal de homem espiritual; Brasília molda e administra seus cidadãos em um ideal de homem moderno.

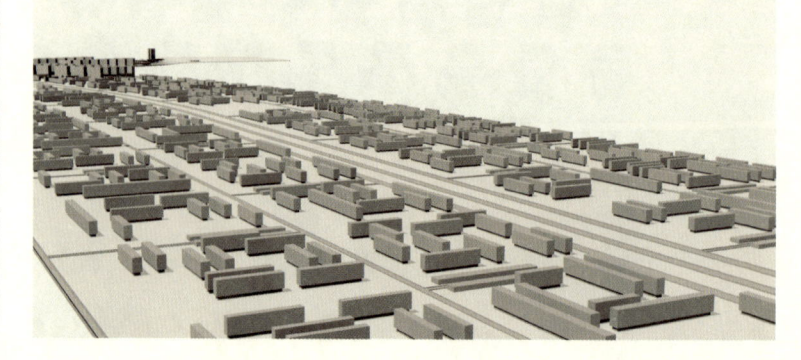

Brasília's residential areas
(superquadras)
Área residencial de Brasília
(superquadras)

Nosso Lar, Brasília: Structural Similarities

118

Nosso Lar's residential area
Área residencial de Nosso Lar

Nosso Lar, Brasília: Semelhanças estruturais

Nosso Lar, Brasília: Structural Similarities

Residential type 1, Brasília
SQS 202, Block A
Residencial tipo 1, Brasília
SQS 202, Bloco A

Residential type 1, Nosso Lar
Ring 21
Residencial tipo 1, Nosso Lar
Anel 21

Nosso Lar, Brasília: Structural Similarities

Nosso Lar, Brasília: Semelhanças estruturais

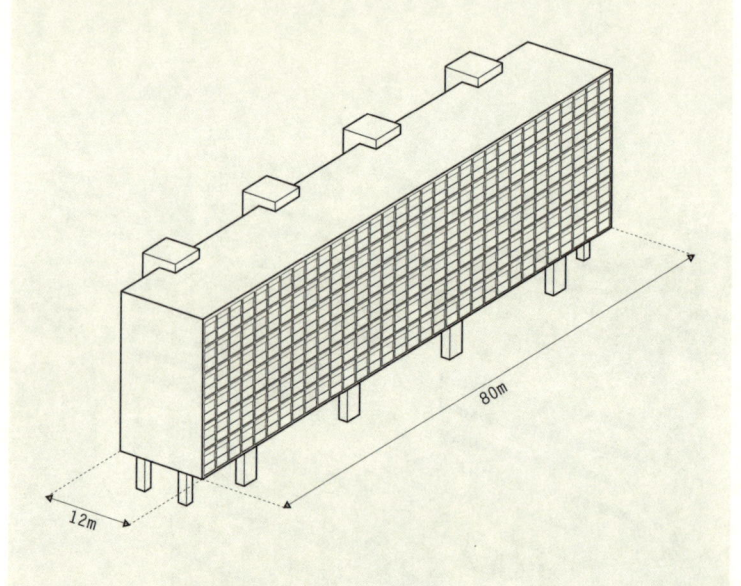

122

Residential type 1, Brasília
SQS 202, Block A
Residencial tipo 1, Brasília
SQS 202, Bloco A

Nosso Lar, Brasília: Structural Similarities

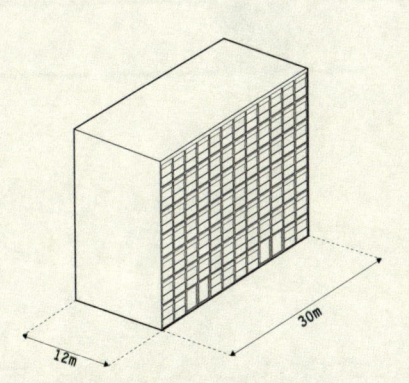

12m
30m

Residential type 1, Nosso Lar
Ring 21
Residencial tipo 1, Nosso Lar
Anel 21

124

Residential type 1, Brasília
SQS 202, Block A
Residencial tipo 1, Brasília
SQS 202, Bloco A

Residential type 2, Brasília
SQS 402, Block D
Residencial tipo 2, Brasília
SQS 402, Bloco D

Nosso Lar, Brasília: Semelhanças estruturais

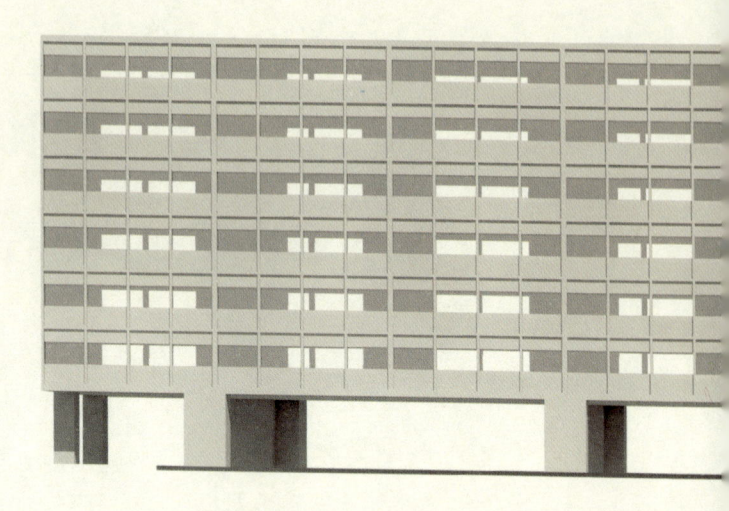

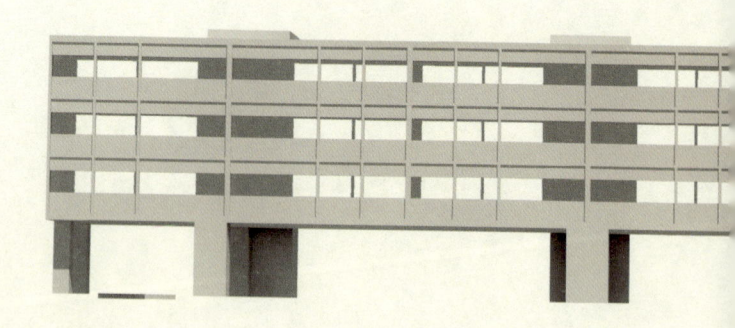

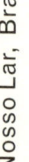

Nosso Lar, Brasília: Structural Similarities

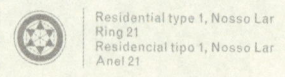

Residential type 1, Nosso Lar
Ring 21
Residencial tipo 1, Nosso Lar
Anel 21

Residential type 1, Nosso Lar
Ring 1
Residencial tipo 1, Nosso Lar
Anel 1

Nosso Lar, Brasília: Structural Similarities

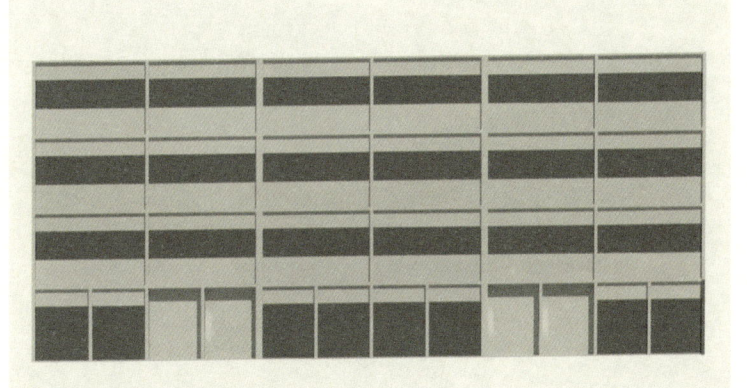

Residential type 3, Brasília
SHIGS 703
Residencial tipo 3, Brasília
SHIGS 703

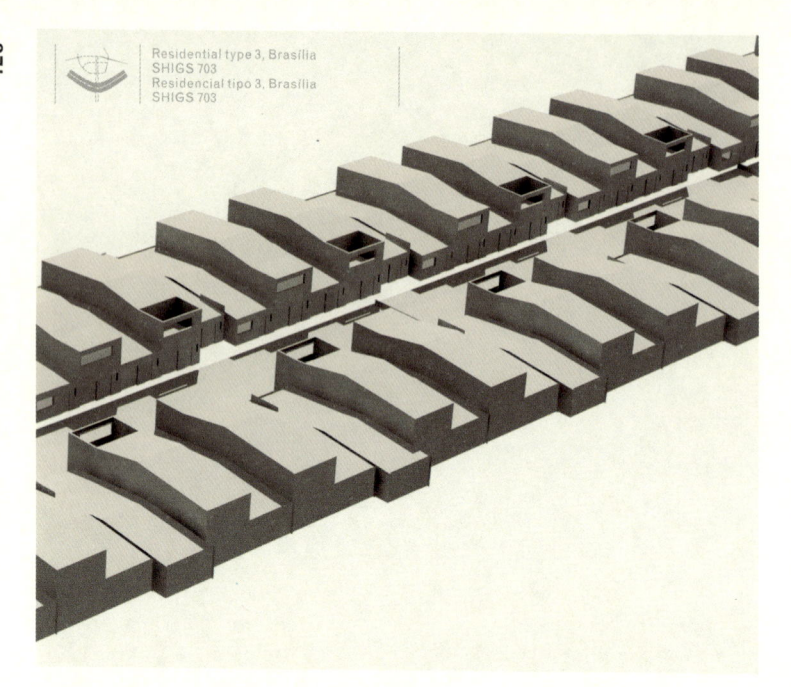

Residential type 3, Brasília
SHIGS 703
Residencial tipo 3, Brasília
SHIGS 703

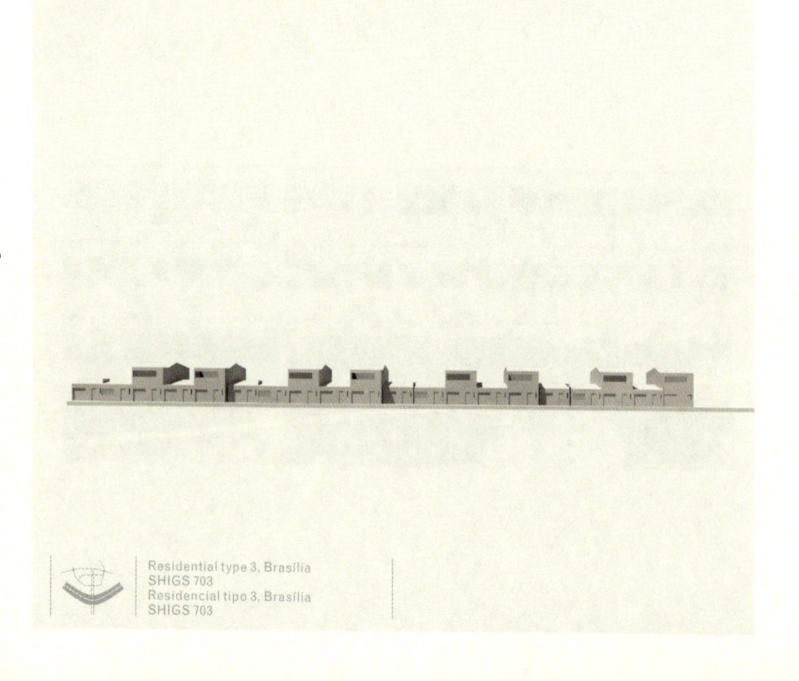

Residential type 3, Nosso Lar
Ring 11
Residencial tipo 3, Nosso Lar
Anel 11

Residential type 3, Nosso Lar
Ring 11
Residencial tipo 3, Nosso Lar
Anel 11

Nosso Lar, Brasília: Structural Similarities

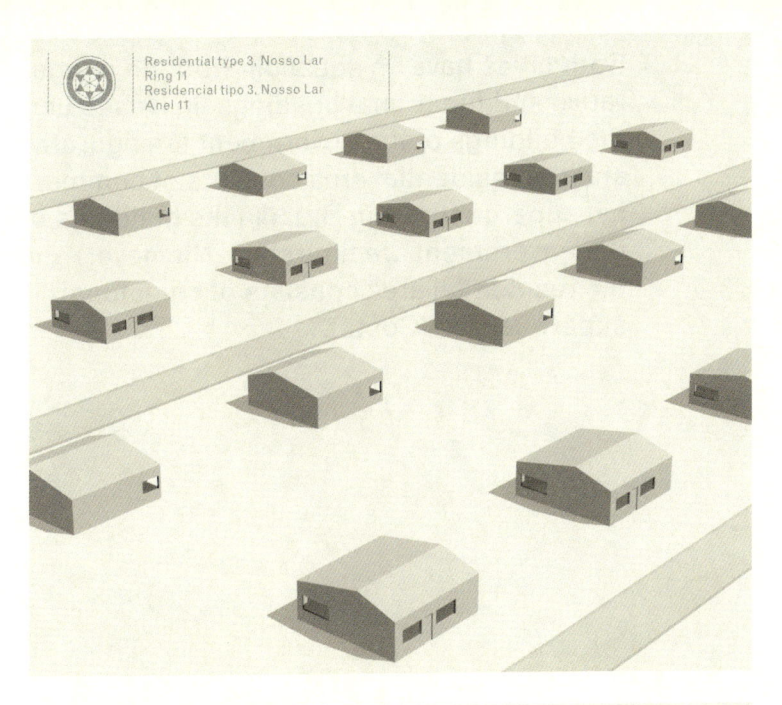

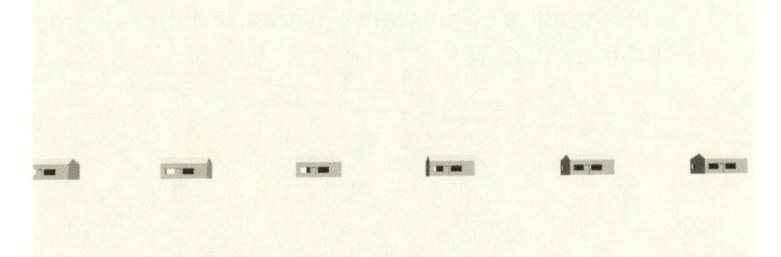

9. Both cities have an equal distribution of figurative and functional buildings: in Nosso Lar the buildings of the government are figurative and the residential area consists of communal superquadras; in Brasília the buildings of the government are figurative (Niemeyer) and the residential area consists of communal superquadras (Costa).

9. As duas cidades têm uma distribuição equalitária de edifícios figurativos e funcionais: em Nosso Lar, os prédios do governo são figurativos e as áreas residencias consistem em superquadras comunitárias; em Brasília os prédios do governo são figurativos (Niemeyer) e as áreas residencias consistem em superquadras comunitárias (Costa).

Brasília's Planalto Palace and Parliament Building, with ministerial buildings in the background

Brasília, Palácio do Planalto e Palácio do Congresso Nacional, com prédios ministeriais ao fundo

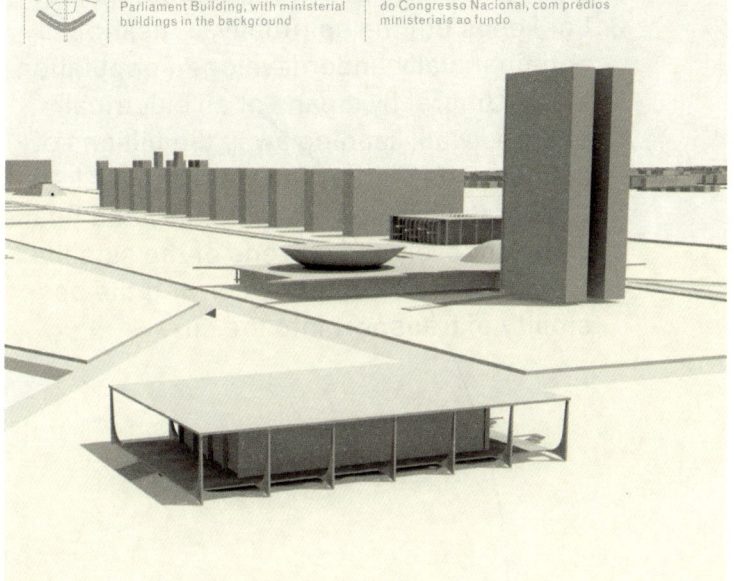

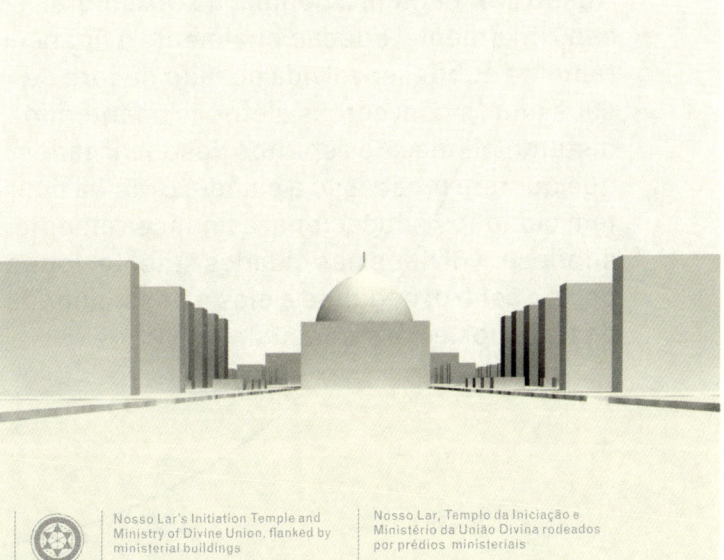

Nosso Lar's Initiation Temple and Ministry of Divine Union, flanked by ministerial buildings

Nosso Lar, Templo da Iniciação e Ministério da União Divina rodeados por prédios ministeriais

10. Both cities are gated communities: Nosso Lar keeps out the spiritually, educationally, and financially underdeveloped population of the Umbral by means of an electrically charged wall, keeping away the billions of disincarnate spirits who want access to the city; Brasília keeps educationally and financially undeveloped citizens of the satellite cities out of its center by denying the possibility of transport into the city.

10. As duas cidades são comunidades fechadas: Nosso Lar mantém a população do Umbral, espiritualmente, educacionalmente e financeiramente subdesenvolvida do lado de fora de seus muros com cercas elétricas, mantendo distante bilhões de espíritos desencarnados que querem ter acesso à cidade; Brasília mantém cidadãos educacional e financeiramente subdesenvolvidos nas cidades satélite, longe de seu centro, negando a eles a possibilidade de transporte para a capital.

Nosso Lar, Brasília: Structural Similarities

Nosso Lar, outer city wall
Nosso Lar, muro em torno da cidade

Nosso Lar, Brasília: Semelhanças estruturais

Brasília, satellite view
Brasília, imagem de satélite

Nosso Lar, Brasília: Structural Similarities

11. Both cities comprise approximately the same amount of citizens: Nosso Lar comprises 1,000,000 people; Brasília was built for 750,000 people.

11. As duas cidades têm aproximadamente o mesmo número de habitantes: Nosso Lar conta com um milhão de pessoas; Brasília foi criada para 750 mil habitantes.

Nosso Lar, Brasília: Structural Similarities

Residential area of Nosso Lar
Área residencial de Nosso Lar

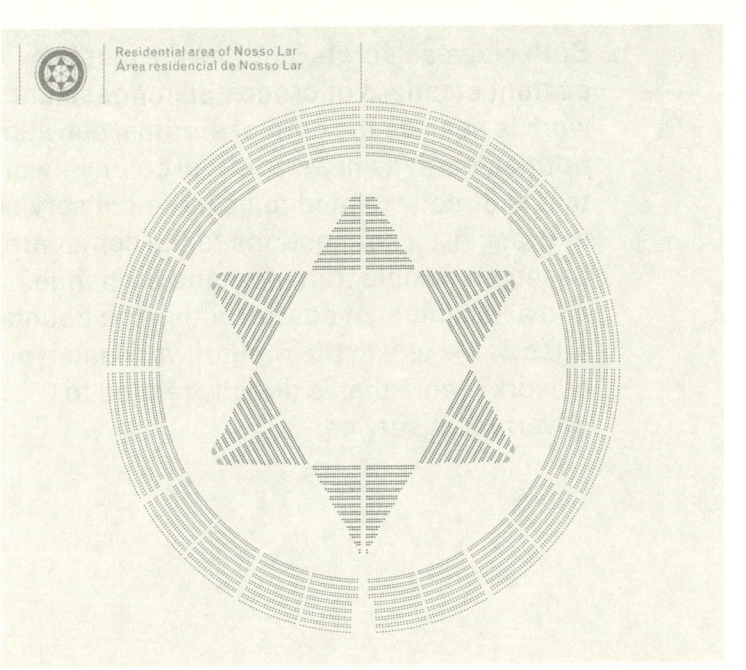

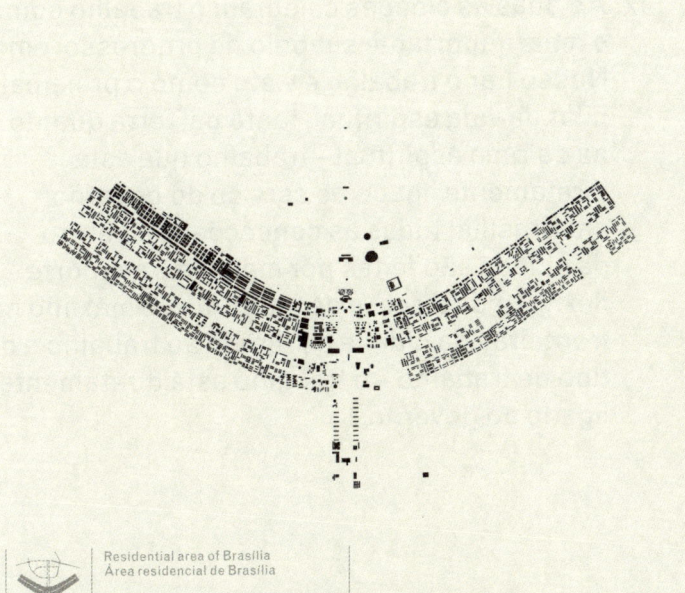

Residential area of Brasília
Área residencial de Brasília

137

12. Both cities celebrate labor as the most important standard of progress: in Nosso Lar work is seen as the core of spiritual elevation, both on earth as in its spiritual colony – work that is directly related to government service; in Brasília, all connections to the center are based on flexible transport and exchange, and a maximum of control within the boundaries of the city to the right of work and type of work – work that is directly related to government service.

12. As duas as cidades celebram o trabalho como o mais importante símbolo de progresso: em Nosso Lar o trabalho é visto como o principal pilar da vida espiritual, tanto na Terra quanto na colônia espiritual – trabalho que está diretamente ligado ao serviço do governo; em Brasília, todas as conecções ao centro da cidade são feitas por meio de transporte flexível e da troca, e de um controle máximo nas fronteiras da cidade do direito ao trabalho e do tipo de trabalho – o trabalho está diretamente ligado ao governo.

Main axes of Nosso Lar
Eixos principais de Nosso Lar

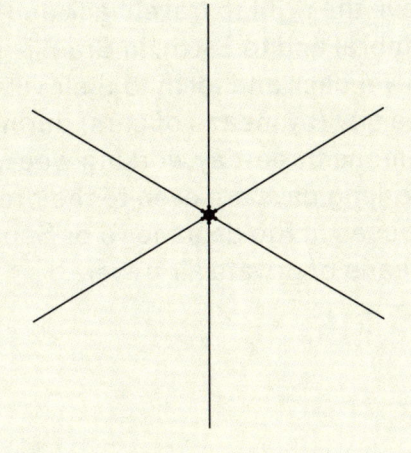

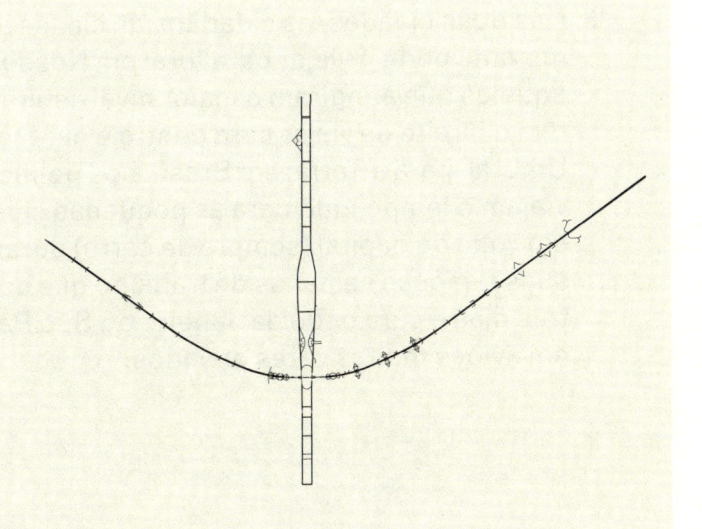

Main axes of Brasília
Eixos principais de Brasília

Nosso Lar, Brasília: Structural Similarities

13. Both cities allow its ruling class to travel outside the city: in Nosso Lar those who have acquired the highest level of spirituality have the right to travel back and forth to the Umbral and to Earth; in Brasília politicians travel back and forth to their villas outside the city (by means of cars) during their famous three-day working week, and, when working days are over, to their respective houses in Rio de Janeiro or São Paolo by means of private air travel.

13. Nas duas cidades, os cidadãos da classe dominante podem viajar para fora: em Nosso Lar, aqueles que atingiram o maior nível espiritual têm o direito de viajar para dentro e para fora do Umbral, para a Terra; em Brasília os políticos viajam o tempo todo para as pequenas cidades em volta do capital (sempre de carro) durante suas famosas semanas de trabalho que duram três dias e para o Rio de Janeiro ou São Paulo em aviões muitas vezes privados.

Nosso Lar, Brasília: Structural Similarities

Villa blocks of Brasília officials, placed outside the main city grid
Blocos de casas oficiais, localizadas fora do plano piloto

Nosso Lar, Brasília: Semelhanças estruturais

142

Earth, recreational zone for Nosso Lar officials, placed outside the main city grid.

Terra, área de lazer para oficiais de Nosso Lar, localizadas fora da cidade

Nosso Lar, Brasília: Structural Similarities

14. Both cities radicalize means of transport as a metaphor for progress: in Nosso Lar one can only travel longer distances by airbus; in Brasília one can only travel longer distances by car.

14. As duas cidades radicalizam os meios de transporte como uma metáfora para o progresso: em Nosso Lar as pessoas só podem viajar grandes distâncias de ônibus; em Brasília, viajam as maiores distâncias de carro.

Nosso Lar, Brasília: Structural Similarities

Roundabouts in Brasília
Rotatórias de Brasília

145

15. Both cities consider the role of architecture and art in service of (governmental) work: in Nosso Lar architecture serves an aestheticisation of controlled space – music exists only as a governmentally controlled recreation; in Brasília architecture serves as an aestheticisation of zoned, controlled space – cultural centers are part of the governmental axis which provides and controls means of recreation.

15. As duas cidades consideram o papel da arquitetura e da arte como a serviço do trabalho (para o governo): em Nosso Lar a arquitetura serve como um controle "estetizante" do espaço – a música só existe como entretenimento controlado pelo governo; em Brasília, a arquitetura serve com parte do eixo governamental que provê e controla os meios de entretenimento.

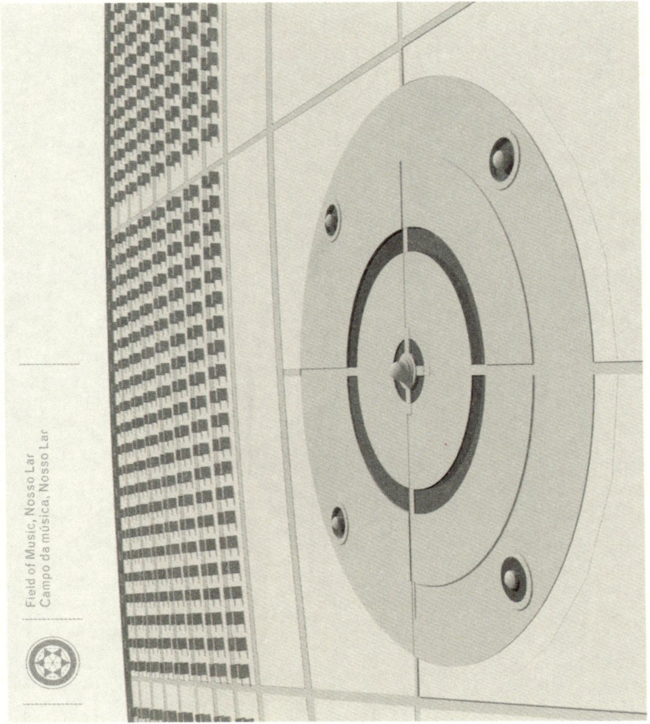

Nosso Lar, Brasília: Structural Similarities

Field of Music, Nosso Lar
Campo da música, Nosso Lar

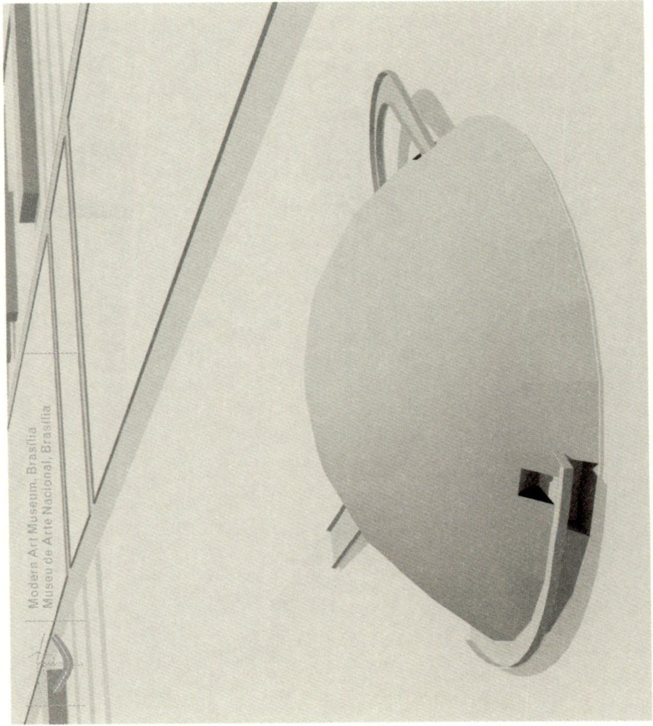

Modern Art Museum, Brasília
Museu de Arte Nacional, Brasília

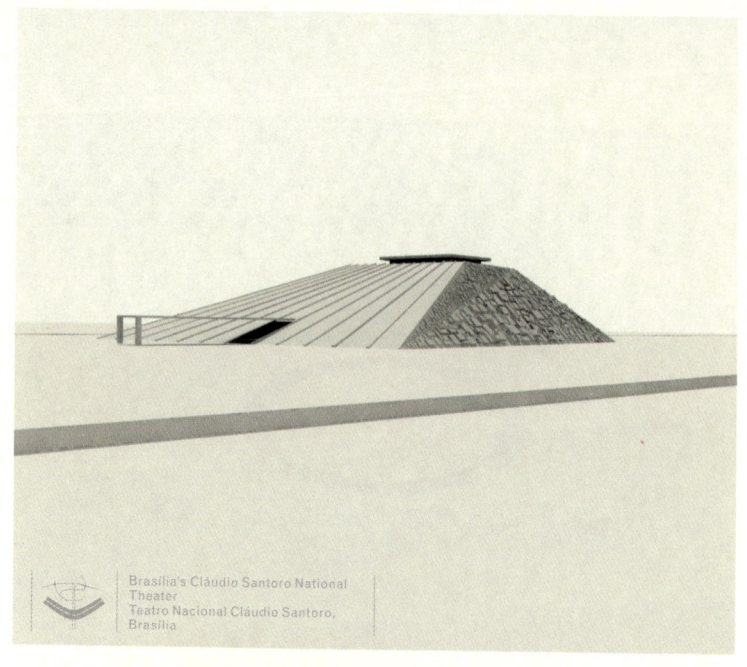

Brasília's Cláudio Santoro National Theater
Teatro Nacional Cláudio Santoro, Brasília

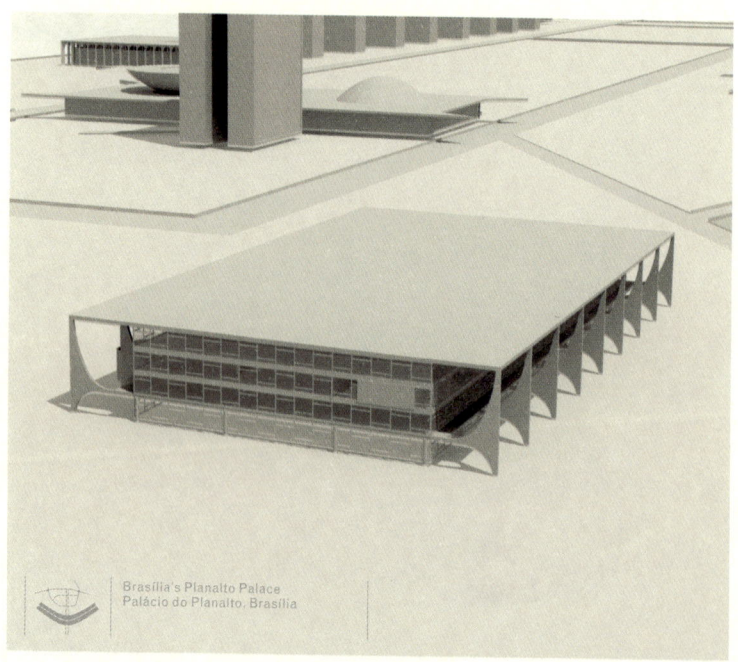

Brasília's Planalto Palace
Palácio do Planalto, Brasília

Nosso Lar, Brasília: Structural Similarities

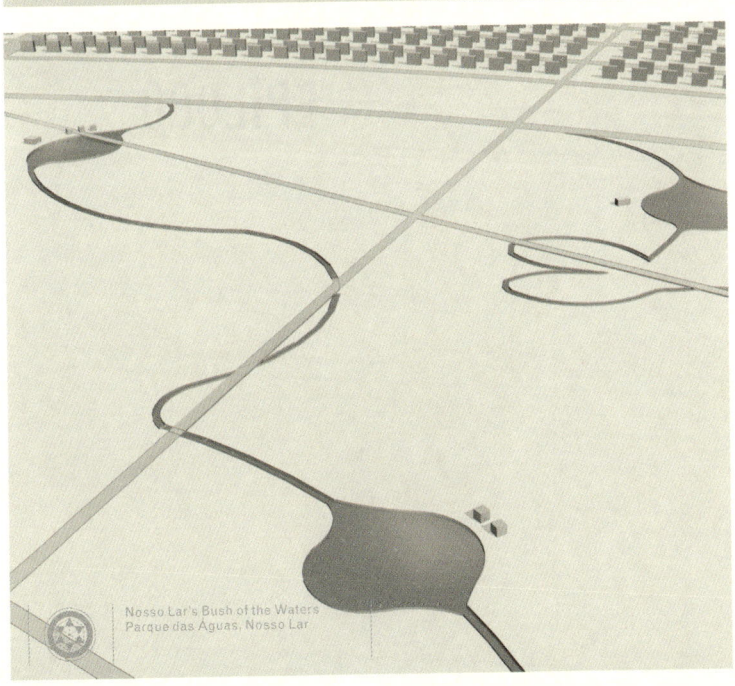

Nosso Lar's Parks of Enlightenment
Fontes luminosas de Nossa Lar

Nosso Lar's Bush of the Waters
Parque das Águas, Nosso Lar

EPILOGUE

EPÍLOGO

During the six months that I travelled in and out of Brazil, living in São Paulo, and visiting Brasília and Rio de Janeiro with fellow artists, I developed the idea of engaging in a thorough comparison between the Spiritist and Modernist architectural movements. This came partly as the result of long walks in São Paulo, in an attempt to gain a quotidian grip on this commercial-free horizon-wide assemblage of concrete buildings comprising some seventeen million people in this one city that I had to learn to live in. When encountering the many Spiritist centers around the city, where I attended a few Sunday morning evangelical sessions, I began to note the reoccurring use of three-dimensional digital imagery to depict a variety of representations of the afterlife spirit world awaiting its followers. I remarked to one of my fellow travelers that it was somehow surprising that Spiritists seemed to have so much less trouble in depicting a different world, a different political horizon and an idea of social justice, than the progressive left today. This resulted in a collection of books of drawings and other depictions that I found at the Spiritist booksellers

Durante os seis meses que eu viajei pelo Brasil, vivendo em São Paulo, visitando Brasília e o Rio de Janeiro com outros artistas, desenvolvi a ideia de iniciar uma comparação entre os movimentos arquitetônicos, espiritual e modernista. Em parte resultado de longas caminhadas por São Paulo, em uma tentativa de dominar o amplo horizonte de concreto desta cidade livre de progagandas comerciais, onde vivem 17 milhões de pessoas. Esta é uma cidade em que tive de aprender a viver. Foi onde encontrei muitos centros espíritas, onde participei de alguns cultos evangélicos aos domingos e comecei a notar o uso recorrente de imagens digitais em três dimensões que representavam a vida no além, a espera de seus seguidores. Eu comentei com um dos meus companheiros de viagem que parecia surpreendente que os espíritas tivessem muito menos dificuldade em descrever um mundo diferente, um novo horizonte político e uma ideia de justiça social, do que a esquerda progressista de hoje. A partir daí, comecei a colecionar todos os livros, com desenhos e outras descrições, encontrados nas livrarias espíritas espalhadas pela metrópole. Foi, portanto, inevitável que eu

spread throughout the city. It was thus inevitable that I would encounter the figure of Chico Xavier, whose works can be found in about every street kiosk – so are the works of Nietzsche, Marx, and Kerouac, by the way – and in even greater abundance in specialized Spiritist centers. It was there that I also encountered the drawings of Heigorina Cunha, who had depicted Nosso Lar through pencil drawings for Xavier.

My collection started out of curiosity for the iconography that so many millions of people in the country invested their faith in. The American and European fad of 90s "spiritualism" and other types of new age – characteristic of middle-class boredom in contemporary capitalist democracy rather than a call for fundamental changes in the practice and struggle of day-to-day life – had faded long since. This was, however, certainly not the case in Brazil. Brazilian society is defined by daily economic struggle, and shopping around for soft-core religions is not a luxury that many can afford.

me deparasse com a figura de Chico Xavier, cujo trabalho pode ser encontrado em qualquer livraria e banca de jornal – ao lado de livros de Nietzsche, Marx e Kerouac, aliás – e em grande abundância em centros espíritas. Foi em um deles que encontrei os desenhos de Heigorina Cunha, que traçou os desenhos de Nosso Lar a lápis para Xavier.

Minha coleção começou por pura curiosidade pela iconografia que simbolizava a fé de milhões de pessoas no país. A moda americana e européia da década de 90 de "espiritualismo" e outros tipos de abordagens new age – uma característica do tédio da classe média na democracia capitalista contemporanea, em vez de um convite para mudanças fundamentais na prática e na luta do dia-a-dia – havia desaparecido há muito tempo. Este, certamente não é o caso no Brasil. A sociedade brasileira é definida pela luta econômica diaria, pesquisar e conhecer as religiões mais suaves não é um luxo a que todos podem se dar.

When I prepared a visit to Brasília the resemblance of its planology to the Spiritist city of Nosso Lar, as described by Xavier and drawn by Cunha, struck me. Much had already been written about the famous city of Lúcio Costa, Oscar Niemeyer, and its landscape architect Burle Marx, and many artists and architects before me had reflected on the "failure" of utopian Modernism. I do not wish to be yet another declaring the death of Modernism – mainly because I'm not convinced that this is indeed the case. But here an unexpected link emerged: how could there possibly be a relation between the metaphysical notion of Spiritism and the administrative egalitarian basis of modernism? Comparing dates, I found that Xavier's model of Nosso Lar preceded that of Brasília. Comparing infrastructure, I found the cities to encompass the exact same size. Comparing the political structure of both cities, I found a series of overlaps difficult to deny. It was evident: Spiritism and Modernism are not the same thing, even though some esoteric tendency in European Modernism had certainly always been present despite its formal "administrative" aesthetics. But at the same time, they were also too much the same to deny any reference altogether.

Ao preparar minha visita à Brasília, me impressionei com as semelhanças entre os mapas da cidade espírita Nosso Lar, descrita por Xavier e desenhada por Cunha. Muito já tinha se falado sobre a famosa cidade de Lúcio Costa e de Oscar Niemeyer, do paisagista Burle Marx e tantos artistas. Muitos arquitetos antes de mim já tinha refletido sobre o "fracasso" da utopia modernista. Eu não quero ser mais um a declarar a morte do Modernismo – principalmente porque eu não estou convencido de que este seja realmente o caso. Mas surge à minha frente uma ligação inesperada: como poderia haver relação entre a noção espiritual do espiritismo e a administração equalitária do modernismo: ao comparar as datas, descobri que o modelo de Nosso Lar de Xavier precedia Brasília. Ao avaliar sua infraestrutura, percebi que as duas tinham o mesmo tamanho. Ao estudar a estrutura política de ambas cidades, me deparei com uma série de sobreposições e semelhanças difíceis de negar. Era evidente: o espiritismo e modernismo não são a mesma coisa, apesar de alguma tendência esotérica estar sempre presente no modernismo europeu a despeito de sua estética "administrativa" formal.

During my stay in Brazil and in the year that followed, I took the time to redraw, together with architects, both cities in order to engage in a structural comparison between them and to try to understand something of the relationship between the two movements both in a historical and an aesthetic sense. Now that I have arrived at a certain conclusion of this first exploration, I think that the cases of Nosso Lar and Brasília may be best described as "parallel" histories. It does not seem that Xavier and the architects of Brasília had any relation to each other. At least, I found no evidence of it, let alone any that would prove a mutual inspiration (and to my own surprise, no literature existed on the architectural links between the two movements). Strangely enough, the aesthetics of Spiritism in the context of Brazil seem to embody a kind of early stage of Modernism, without the Modernist movement in Brazil being aware that many of its organizational principles were shared by this growing Spiritist grassroots movement. What I attempt to demonstrate in this book is how extensive the overlaps are between the two movements, without them ever consciously overlapping in reality. Only in the

Mas, ao mesmo tempo, eram muitas as semelhanças para que se pudesse negar completamente qualquer referência.

Durante minha estadia no Brasil e no ano seguinte, me concentrei em redesenhar, com outros arquitetos, as duas cidades com o objetivo de iniciar uma comparação entre elas e tentar entender alguma relação entre os dois movimentos do ponto de vista histórico e estético. Agora que cheguei a uma conclusão desta primeira exploração, acho que o caso de Nosso Lar e Brasília são mais bem descritos como histórias paralelas. Não parece que Xavier e os arquitetos de Brasília tivessem alguma relação uns com os outros. Pelo menos, não encontrei nenhuma evidência sobre isso, menos ainda alguma que pudesse provar que houve inspiração mútua (e para minha grande surpresa, nenhuma literatura sobre as ligações arquitetônicas entre os dois movimentos). Estranhamente, os estetas do espiritismo no contexto brasileiro parecem incorporar um estágio mais inicial do modernismo, sem que o movimento Modernista do país soubesse que muitos de seus princípios organizacionais

everyday life of the people of Brazil, the two movements that have so deeply affected its culture today overlap: in the lives of the many Roman Catholic/Spiritist believers, who live and work in and amongst the many constructions that the great Brazilian Modernist architects left behind. In a way, it is the people of Brazil that "perform" the overlaps between the Modernism and Spiritism.

This book criticizes the repressive and colonial policies of the city of Nosso Lar and their historical grounding in the rule of Vargas, as well as the workings of the city of Brasília when it comes to the aggression of its administered, sometimes almost militarized character that made much of today's social segregation possible. But my book is not meant as "one more critique" on either movement, but as a critical comparison.

It is not that I do not recognize any social dimension of the Spiritist movement. For despite its evident authoritarian nature, Brazilian Spiritism was also partly an awakening of resistance against the dominance of the Roman Catholic

estavam sendo usados pelos movimentos espíritas de base. O que eu tentei demonstrar com este livro foi como havia sobreposições extensas entre os dois movimentos. É só na vida cotidiana do povo do Brasil, que esses dois movimentos, que influenciram a cultura do país de forma tão profunda, se sobrepõem: na vida de muitos católicos espíritas, que vivem e trabalham em construções que os grandes arquitetos modernistas brasileiros deixaram para trás. De uma certa maneira, é o povo do Brasil que "desempenha" a sobreposição entre o modernismo e o espiritismo.

Este livro questiona as políticas repressivas e coloniais de Nosso Lar e sua fundamentação histórica no Estado de Vargas, bem como o funcionamento da cidade de Brasília, quando se trata da agressividade de sua administração, de caráter, por vezes, quase militarizado que fez boa parte da segregação social existente hoje no país, possível. Mas o meu livro não pretende ser "mais uma crítica" a ambos os movimentos, mas, sim, uma comparação crítica.
Não é que eu não reconheça nenhuma dimensão social do

church and the colonial interests that it served (performed by colonizing that very same dominant religious discourse), just as the Spiritist centers of Xavier today do not only function as "opium for the people" but just as much as social centers, offering food and shelter for the many underprivileged that neither the state nor the NGOs are capable of taking care of.

In the case of Brasília, I have had the privilege of staying in one of its superquadras and to experience both its extreme isolation and the military style zoning and control of public space around Niemeyer's governmental axe. But I was equally able to experience the brilliant construct of Costa's superquadras, which truly is one of the most impressive propositions of how to think and organize public space and common resources. The failures of Brasília go hand in hand with the progress that it has brought us in thinking the city as a common space. Brasília is neither a Modernist nor a military utopia; neither an unambiguous form of colonization nor the ultimate expression of Brazilian independence; as it is neither a project of pure authoritarianism nor the movimento espírita. Pois, apesar de seu caráter autoritário evidente, o espiritismo brasileiro também foi, em parte, uma espécie de despertar de resistência contra o domínio da igreja católica romana e contra os interesses coloniais que a serviam (que colonizava esse mesmo discurso religioso dominante), assim como os centros espíritas de Xavier hoje não funcionam apenas como "ópio do povo", mas como centros sociais, oferecendo comida e abrigo para os muitos desfavorecidos que nem o Estado nem as ONGs são capazes de cuidar.

No caso de Brasília, tive o privilégio de me hospedar em uma das superquadras e de experimentar tanto o seu extremo isolamento, seu zoneamento ao estilo militar e o controle do espaço público em torno do Eixo Momumental de Niemeyer. Mas eu também pude testar a brilhante construção das superquadras de Costa, que são de fato uma das propostas mais impressionantes de como pensar e organizar o espaço público e os recursos comuns. Os fracassos de Brasília chegam de mãos dadas com o progresso que ela nos apresentou

ground of militant emancipation. It somehow exists within all of these realms at the same time. And moving through the city, one feels absorbed by all of its ideas – or better: one moves through the idea that is Brasília: a bizarre political puzzle that occupied me completely.

Both Nosso Lar and Brasília represent cities that should be considered as historical and ideological culminations into an infrastructural and architectural form. The radicalism of their premise allows for a precise reading of the many social, economic, and political factors that they resulted from. Contrary to the cities that emerge as the chaotic collages of private interests that Le Corbusier was so offended by, they mark clear points in time, conceptual propositions whose consequences where taken to their fullest, in every way imaginable. These grand, almost singular gestures are rare, and often show dictatorial streaks. But maybe this is one of the aspects that makes Nosso Lar and Brasília so fascinating; the fact that their emancipatory potential goes hand in hand with their repressive, authoritarian characteristics. They are concretized moments in time that force

do ponto de vista de pensar a cidade como um espaço comum. Brasília não é uma utopia militar nem modernista, nem uma forma inequívoca de colonização nem a expressão máxima da independência do Brasil. Como também não se trata de um projeto de autoritarismo puro ou seu inverso, o terreno de emancipação militante. De alguma forma, ela existe dentro de todos estes domínios, ao mesmo tempo. E movendo-se pela cidade, é possível se sentir absorvido por todas as suas idéias – ou melhor: é possível se mover dentro da ideia que é Brasília: um bizarro quebra-cabeça político que me ocupou completamente.

Tanto Nosso Lar quanto Brasília representam cidades que devem ser consideradas como pontos culminates históricos e ideológicos de uma forma arquitetônica. O radicalismo de suas premissas permite uma leitura precisa dos muitos fatores sociais, econômicos e políticos de que resultaram. Ao contrário das cidades que emergem como as colagens caóticas de interesses privados que tanto ofendiam Le Corbusier, elas marcam pontos, com proposições conceituais cujas

us to confront our own political orientation when it comes to the different futures that we are obliged to imagine for ourselves, and for the world that we are part of.

While I write this, Brazil's streets have been swept by millions of protesters. What started as a protest against increased public transport fares has transformed to a profound mass critique of the democratic deficit that the country suffers both in a political as well as an economic sense. Even Brasília's militarized space was taken over when thousands of protesters moved onto the Governmental Axis, occupying the main building that houses the parliament as well as the senate. Covered by masses of protesters talking, chanting, reading, Niemeyer has never looked as beautiful. Covered by so many bodies, the dominance of architectural form disappeared, and became something else: that other horizon that Brasília had been looking for, and now looks for once again to make its political promises a reality for all of its people.

It is to them that this book is dedicated.

conseqüências foram exploradas ao máximo, em todos os sentidos imagináveis. Estes gestos grandiosos, quase raros, muitas vezes mostram traços ditatoriais. Mas talvez estes sejam um dos aspectos que faz com que Nosso Lar e Brasília sejam tão fascinantes, o fato de que o seu potencial emancipatório anda de mãos dadas com suas características repressivas e autoritárias. São momentos concretos no tempo que nos obrigam a enfrentar a nossa própria orientação política, quando se trata de futuros diferentes que somos obrigados a imaginar para nós mesmos e para o mundo de que fazemos parte.

Enquanto escrevia este livro, as ruas do Brasil foram varridas por milhares de manifestantes. O que começou como um protesto contra o aumento das tarifas de transporte público se transformou em uma profunda e maciça crítica ao déficit democrático que o país sofre tanto na política quanto na economia. Mesmo o espaço militarizado de Brasília foi tomado, quando milhares de manifestantes lotaram o Eixo Governamental e ocuparam o edifício principal que abriga

a Câmara dos Deputados e o Senado. Tomado pela massa de manifestantes, que falavam, cantavam e liam, a arquitetura de Niemeyer nunca pareceu ser tão bonita. Povoada por tantos corpos, o predomínio da forma arquitetônica desapareceu e tornou-se algo mais: o outro horizonte que Brasília buscava. A cidade procura mais uma vez tornar suas promessas políticas em realidade para todos os seus habitantes.

É a elas que dedico este livro.

Colophon

Nosso Lar, Brasília is a project by Jonas Staal

Editing:
Vincent W.J. van Gerven Oei
Helmut Batista

Copy Editing/Proofreading:
Eleonoor Jap Sam,
Mariana Lanari, Amilcar Packer,
and Urok Shirhan

Graphic Design:
Remco van Bladel, Amsterdam
i.c.w. Andrea Spikker

Translation:
Noelly Russo

Architectural Design:
Lex Hildenbrant

Jonas Staal project support:
Younes Bouadi

Lithography and printing:
Grafitto, Rio de Janeiro

Thanks to:
Helmut Batista, Kasper van Dun,
Yusuf Etiman, Jeremy
Fernando, Clara Ianni,
Mihnea Mircan, Amilcar Packer,
and Pieter Tjabbes

Produced by:
Capacete editions

Published by:
Capacete & Jap Sam Books
www.japsambooks.nl

ISBN : 978-94-90322-45-8

CC Jonas Staal /
Jap Sam Books 2014

The images on pages 24, 29, 55, 56, 58, 60, 65 are published under Wikimedia Commons license. Apart from the images on page 29 by Elza Fiúza, page 32 by Fausto Ivan and page 58 by Carlo Felice Deasti, the photographers are unknown. The origins of the images on page 16, 25 and 160-61 were not retrievable. Every effort has been made to obtain copyright permission for images. We apologize for any inadvertent omissions and pledge to correct them in future editions.

Research 2012–2013:
Nosso Lar, Brasília was initiated during a residency in the period January–July 2012 at Capacete, São Paulo, and further developed until the end of 2013. This project forms the sixth part of Jonas Staal's Art, Property of Politics series.

Made possible in part by:
Capacete, Rio de Janeiro/
São Paulo, Brazil
Extra City, Antwerp, Belgium
Ministry of Culture, Brazil
Mondriaan Fund, Amsterdam,
The Netherlands
PhDArts, The Hague/
Leiden, The Netherlands
Promoveren in de Kunsten,
Amsterdam, The Netherlands

Colofon

Nosso Lar, Brasília é um projeto de Jonas Staal

Coordenação editorial:
Vincent W.J. van Gerven Oei
Helmut Batista

Editores:
Eleonoor Jap Sam,
Mariana Lanari, Amilcar Packer
e Urok Shirhan

Projeto gráfico:
Remco van Bladel, Amsterdam
em colaboração com
Andrea Spikker

Tradutora:
Noelly Russo

Desenhos técnicos:
Lex Hildenbrant

Assistente de Jonas
Staal no projeto:
Younes Bouadi

Lithographia e impressão:
Grafitto, Rio de Janeiro

Agradecimentos:
Helmut Batista, Kasper van Dun,
Yusuf Etiman, Jeremy
Fernando, Clara Ianni,
Mihnea Mircan, Amilcar Packer
e Pieter Tjabbes

Produzido por:
Capacete

Publicado por:
Capacete & Jap Sam Books
www.japsambooks.nl

ISBN : 978-94-90322-45-8

CC Jonas Staal /
Jap Sam Books 2014

Crédito das imagens:
pp. 24, 29, 55, 56, 58, 60, 65
Wikimedia Commons.
Imagens cedidas por: p. 29
Elza Fiúza, p. 32 Fausto Ivan,
p. 58 Carlo Felice Deasti,
fotógrafos desconhecidos.
Não foram encontrados
os detentores dos
direitos das imagens das
páginas 16, 25 e 160-61.

Foram feitos todos os esforços
para obter os direitos das
imagens. Pedimos desculpas
por qualquer inadvertida
omissão com a promessa de
corrigi-la na próxima edição.

Todos os direitos reservados.
Nenhuma parte desta
publicação pode ser
reproduzida em nenhuma
forma sem expressa permissão
do artista e da editora.

Pesquisa 2012-2013:
Nosso Lar, Brasília começou
durante residência artística no
Capacete Entretenimentos, em
São Paulo, entre Janeiro e Julho
de 2012. E continuou a ser desenvolvida até o fim de 2013. Este
é sexto projeto da serie Jonas
Staal's Art, Property of Politics

Esta publicação tem o apoio de:
Capacete, Rio de Janeiro/
São Paulo, Brasil
Extra City, Antwerp, Bélgica
Ministério da Cultura, Brasil
Mondriaan Fund, Amsterdam,
Holanda
PhDArts, The Hague/
Leiden, Holanda
Promoveren in de Kunsten,
Amsterdam, Holanda

Este projeto foi contemplado com o Prêmio Procultura de Estímulo às Artes Visuais

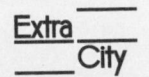